지적 대화를
위한

교양인의
중세 이야기

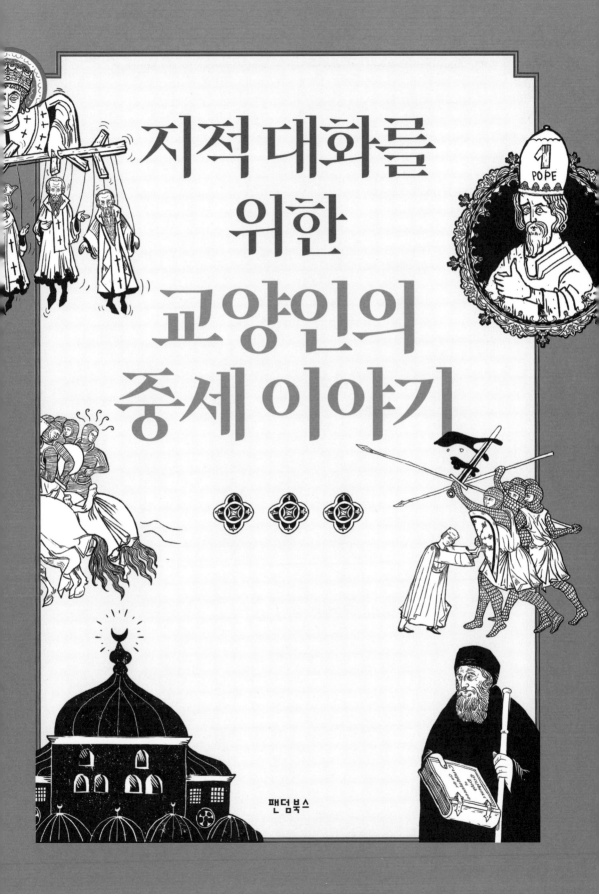

지적 대화를 위한

위한

교양인의

중세 이야기

팬덤북스

목 차

프롤로그: 중세시대에 대한 흔한 오해들   **7**
- 중세시대란 어떤 것일까요?   8
- 암흑시대에 대한 오해   11
- 복잡했던 그 시대   13

파트 1 : 로마 제국의 유산   **14**
- 로마의 몰락   15
- 로마의 후계자들   17
- 비잔티움 제국   21
- 황제 교황주의   23

파트 2 : 초창기 종교들   **26**
- 이슬람교의 발흥   27
- 우상 파괴에 대한 논란   30
- 성자들   33
- 수도원 운동   35

파트 3 : 제국의 부상과 황위   **39**
- 샤를마뉴   39
- 카롤링거 르네상스   41
- 교황 레오 3세와 교황수위권   44
- 알-안달루스   45
- 시칠리아와 해양 공화국   47
- 제해권을 손에 쥔 도시 국가들   49
- 바이킹   50
- 세상의 끝, 영국   54
- 오토 왕조   58

파트 4 : 기원후 1000년, 그리고 사람들의 삶   **61**
- 종말에 대한 불안   61
- 오토 르네상스   62
- 귀족계층의 부상   63
- 도시의 대두   65
- 그레고리오 개혁   68
- 교회의 대분열   71
- 노르만 정복   75
- 레콘키스타(국토 회복 전쟁)   83
- 1차 십자군 전쟁   86
- 반유대주의 폭력   88
- 안티오크 공성전   91

· 예루살렘 공성전   92
· 정복 이후의 십자군 국가들   93

파트 5 : 중세 중기   **94**
· 대학의 탄생   94
· 4가지 체액설   99
· 12세기 르네상스   100
· 고딕 건축   101
· 교회와 교회법   102
· 또 다시 일어나는 십자군   105
· 궁정 연애 그리고 음유 시인   114

파트 6 : 중세시대의 다른 사람들 **118**
· 여성   118
· 성매매 종사자   121
· 동성애자   123
· 유대인   125
· 이단자   127
· 나환자   129

파트 7 : 중세 후기   **132**
· 흑사병   132
· 아비뇽 교황 시대   137
· 백 년 전쟁   140
· 중세의 전쟁   143
· 대분열   146
· 롤라드파   147
· 농민의 난   149

파트 8 : 중세시대의 끝   **153**
· 잔 다르크와 백 년 전쟁의 끝   153
· 서방 교회 대분열의 끝   156
· 후스파   158
· 오스만의 부상과 콘스탄티노플의 몰락 162
· 레콘키스타(국토 회복 전쟁), 그라나다의 함락, 스페인 통일 165
· 아프리카로의 확장과 노예무역의 시작 169
· 유럽 전체의 예술운동과 르네상스 신화 173

결론   **177**

프롤로그: 중세시대에 대한 흔한 오해들

YE OLDE GASTRO PUB

아, 중세시대!
기사와 아리따운 처녀가 생각나는
신비로운 시대. 왕의…시대?
프랑스와 영국 사이에서
일어난 백 년 전쟁 그리고…음…
전염병? 바이킹?

EARLY   MIDDLE   LATE

사실 많은 사람이 스스로 중세시대에 대해서 잘 모르는데도 불구하고 잘 알고 있다고 생각합니다. 하지만 그들 모두 한 가지에 대해서만큼은 확신을 가지고 있습니다.

텅텅!

바로 중세시대에 대해 많이 알아봤자
별 의미가 없다는 것이죠. 암흑기였거든요.
여러 종교인들이 진창에서 구르는 게
전부였습니다. 저와는 완전 딴판이죠.
왜냐하면 전 무척 똑똑하거든요.

자, 시작해보죠.

다시 본론으로 돌아오면, 위에서 언급한 확신을 가지고 있는 사람들은 다음의 두 가지 모습을 보이죠. 천 년 간 존재했었던 중세시대의 모든 국가를 잘 알고 있다는 것에 대해 자부심을 가진다거나, 본인이 몰랐던 중세의 새로운 사실을 배우려 하지 않는다는 것이 그것입니다. 별로 보기는 안 좋지만요. 이 책은 여러분이 이런 소위 말하는 '아는 척하는 사람'이 되지 않도록 도와줄 것입니다.

· 중세시대란 어떤 것일까요? ·

자, 여러분은 이제 1,200년 간의 역사를 배울 준비가 되었습니다. 먼저 중세시대는 시간 순서상 다른 두 시대, 고대이집트, 그리스, 로마 등와 현대우리가 현재 살고 있는 시대 사이에 위치하고 있는 시대를 의미합니다. 즉, '중간'이기에 중세시대라 불리고 있는 것이죠.

그런데 이처럼 서로 다른 시대를 구분하는 것은 각 시기 간의 경계를 지나치게 분명하도록 만듭니다. 역사학자들은 오도아케르433-493가 로물루스 아우구스툴루스로마 제국 초대 황제가 아님를 폐위시킨 이후인 기원후 476년을 기점으로 고대시대가 끝났다고 봅니다. 물론 그 당시 로마 시민이 쫓겨나는 폐황제를 창밖으로 내다보면서 이런 말을 하진 않았겠죠.

이봐요,
이제 중세시대예요.

캄파니아로
향하는 길

8

중세시대가 언제 끝났는지 딱 잘라 얘기하기는 어렵습니다. 왜냐하면, 이 시대가 끝났을 때는 아직 '근대'라는 개념이 정립되지 않았기 때문이죠. 몇몇 역사가들은 유럽인들이 신대륙에 도착한 날을 중세가 끝나는 기준으로 삼습니다. 혹자는 이탈리아의 르네상스 시대 또는 종교개혁가인 마르틴 루터1483-1546가 95개조의 논제를 제시한 1517년대를 기준으로 보지요. 언제 끝났는지와는 관계없이 저희는 중세 유럽의 천 년이라는 장구한 역사 속에서 펼쳐졌던 진보, 예술, 정치, 삶 등을 알아볼 것입니다. 아, 참고로 이 시기는 유럽의 세력이 커지면서 아시아와 아프리카에 위치한 제국들을 따라잡기 시작한 때이기도 합니다.

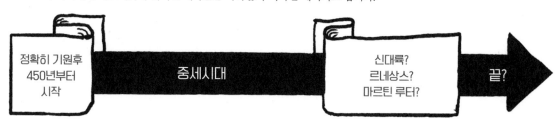

정확히 기원후 450년부터 시작

중세시대

신대륙?
르네상스?
마르틴 루터?

끝?

중세라는 용어는 같은 시기의 전 세계 모든 지역이 고대보다 더 발전된 문명으로의 이동을 경험했던 것은 아니라는 점에서 당시 유럽의 상황에 딱 들어맞는 것입니다. 역사가들은 종종 960년 송나라가 건국되기까지의 기간을 가리켜 중세 중국이라 부르곤 하는데, 이는 중국의 근대화가 유럽의 그것관료적 국가시스템, 화약 그리고 국제 무역보다 600년 앞선다는 것을 의미합니다.

이 당시 유카탄반도에서는 마야문명이 고전기와 후고전기에 걸쳐 오늘날까지 남아 있는 웅장한 사원을 짓고 있었습니다. 또한 상인, 학자, 전사 계급으로 이루어진 사회가 발전했으며 코코아, 비취, 흑요석 등을 거래하는 등 활발한 무역 활동이 번창했었죠.

한편, 인도에서는 라슈트라쿠타 왕조가 다이아몬드 광산 채굴을 통해서 얻은 막대한 재화로 거대한 사원을 짓고 있었으며 진주와 이탈리아산 와인과 무역을 했습니다.

'중세'라는 단어는 유럽 내에서도 헷갈리는 단어랍니다. 오늘날 비잔티움이라 알려진 제국에서 살았던 사람들은 여러분들이 뭐라 말해도 자신들을 동로마 '제국' 사람이라고 생각했을 것입니다. 이를 뒷받침하는 근거로는 이들의 안정된 국가, 정교한 공식 전차 경주, 그리고 그 당시까지 콘스탄티노플에서 다스리고 있던 방대한 로마 농지를 들 수 있습니다.

무엇인가 중세와 관련된 것을 얘기할 때 헷갈릴 수 있습니다. 왜냐하면 우리가 역사의 일부에 대해 얘기하고 있는 것이니까요. 하지만 앞서 언급한 연대에 살던 유럽인들 모두가 비슷한 경험을 한 것은 아닙니다. 참복잡하게도 역사가들은 한술 더 떠서 중세시대를 중세 초기6-10세기, 중세 중기10-13세기, 그리고 중세 후기13-15세기라는 세 시대로 세분화합니다. 이렇게 해서 중세시대는 로마 제국의 몰락과 유럽의 근대 초기 사이의 세 가지 시대로 세분된 약 천 년 간의 역사라고 할 수 있습니다.

· 암흑시대에 대한 오해 ·

그래서 왜 대부분의 사람들은 이 사실을 모를까요? 우선 중세시대 자체가 암흑시대였다고 여겨졌기에 사람들이 중세 역사에 대해 무관심했다는 것이 부분적인 이유라고 할 수 있습니다.

'암흑시대'라는 개념은 사실 중세시대에서 비롯되었습니다. 로마의 시인인 페트라르카에 의해서죠. 그 당시 페트라르카는 로마가 유럽을 지배해야 한다고 생각했기에 이 같은 단어를 만들어 로마 멸망 이후의 역사를 비하했습니다. 그는 로마가 지배할 당시의 역사가 아니면 듣고 싶어 하지도 않았습니다.

페트라르카

뭐, 우리가 (유럽을) 책임져야겠습니다.

다음으로 '암흑시대'란 단어를 쓴 사람은 추기경이자 가톨릭교회 소속 역사가였던 카이사르 시저 바로니우스1538-1607였습니다. 하지만 그 의미는 페트라르카와 달리 10-11세기만을 가리키는 단어로 사용했지요. 여기서 '암흑'은 부정적인 의미가 아니라 처참한 문헌 자료 소실에 대한 바로니우스의 불만을 나타냅니다.

제대로 된 자료 없는데 뭘 어떻게 하라는 걸까요?

흠… 하나… 둘…

카이사르(시저) 바로니우스

20세기에 이르러 역사가들은 바로니우스가 사용했던 의미를 채택함으로써 암흑시대라는 단어를 정의하게 됩니다. 그들이 비록 10-11세기에 대한 문헌 자료들이 충분하다고 생각했음에도 말이죠. 그래서 '암흑시대'라는 단어를 실제로 자료 소실이 심각했던 중세 초기 6-10세기를 가리키는 의미로 사용하게 됩니다. 역사가들은 기록된 문서 없이 과거에 무슨 일이 벌어졌었는지 종합적으로 판단하는 걸 어려워하니까요. 마치 암흑이 이들의 눈을 가린 것처럼 말이죠.

하지만 이 시대에 대한 기록이 없다고 기록할 가치가 없었다는 것은 아닙니다. 당시의 모든 사람이 행정 자료, 일기, 또는 오래된 법전 따위를 천 년 간 보존할 수 있을 정도로 여유가 있지는 않았을 테니까요. 오늘날 행해지는 과학적 연구의 파기 일자조차 십 년 정도밖에 되지 않는 경우가 흔하답니다. 또한 소설 같은 경우는 생존율이 더 낮을 수 있습니다. 몇몇 20세기에 출간된 인기서들의 경우 중세 인기 로맨스 소설보다 생존율이 더 처참합니다.

계절이 바뀔 때마다 옷장 정리를 하는 것처럼 종종 기록 보관소와 도서관들도 불필요하다고 여겨지는 자료들을 파기하곤 합니다. 하지만 때로는 역사적 사건에 의해서 어마어마한 양의 자료들이 파기되는 경우도 있습니다. 헨리 8세1491-1547가 행한 잉글랜드, 웨일스, 아일랜드 내 모든 수도원의 철폐가 그 한 예라고 할 수 있습니다. 많은 자료들이 수도원 도서관들과 함께 파괴되었죠. 전쟁통에 자료들이 소실되는 경우도 있었습니다. 물론 기록을 보존하는 방법 또한 시간이 흐름에 따라 변해왔습니다. 혹시 알아요? 천 년 후 미래의 학자들이 여러분의 인스타그램 프로필에 대해서 연구할지? 물론 그 이전에 여러분이 지웠을 수도 있지만요!

· 복잡했던 그 시대 ·

하여튼 중세 역사가 폭넓게 교육되지 않고 있는 이유로는 적은 문헌 자료와 '암흑시대'라는 단어에 대한 오해, 정확히는 그 단어 자체의 의미에서 비롯된 사람들의 중세시대가 전반적으로 좋지 않았던 시대라는 선입견을 들 수 있습니다. 이런 선입견은 아직까지도 지속되고 있습니다. 실제 사실과 자신들이 아는 지식 사이에 차이가 있음에도 중세 역사에서 배울 것은 아무것도 없기 때문에 몰라도 괜찮다는 식으로 말이죠.

실제로 사람들이 중세시대를 공부해보면 어려울 수 있습니다. 왜냐하면 복잡하거든요! 중세 초기 이탈리아에서는 사실이었는데 중세 후기 독일에서는 사실이 아닌 경우도 있고 다종교와 다문화 사회였던 중세 스페인은 스코틀랜드와 정반대였습니다. 또한 그런 비교를 하는 것 자체가 어려웠던 게 스페인, 이탈리아, 독일은 그때 아직 존재조차 하지 않았습니다.

스페인인, 이탈리아인, 독일인 등 여러 국적의 사람들이 있었지만 통치자가 항상 같지만은 않았습니다. 또한 똑같은 통치 형태를 가지고 있지도 않았습니다 좀 더 쉽게 설명해봐. 열 살배기 아이도 알아들을 수 있게!!.

중세시대 역사에 있어서 핵심은 방대하고, 복잡하고, 그리고 아마도 여러분이 그리 많이 알고 있지 않다는 것입니다. 아직까지는요. 잘 모른다는 문제는 이 책을 읽고 나면 개선될 것입니다. 다만, 이를 위해선 중세시대의 시작인 로마제국의 멸망 전부터 보는 게 더 쉬울 겁니다.

476년의 로마는 그 옛날 위대한 정복자 시절의 한 단면조차 찾을 수 없었습니다. 브리타니아를 버렸고, 오늘날 프랑스에 속하는 땅의 상당 부분을 잃었으며, 두 쪽으로 나눠지기까지 했습니다. 서로마기반을 상실하고 있었죠와 동로마오늘날 비잔티움 제국으로 불리죠로요. 야만인들로마인들은 로마인이 아닌 이들을 모두 야만인으로 간주했답니다은 약 100년 전부터 유럽으로 이주하였는데, 그와 동시에 로마는 이들에게 영토를 조금씩 뺏기고 있었습니다. 이 시기를 우리는 게르만족의 대이동이라고 부릅니다.

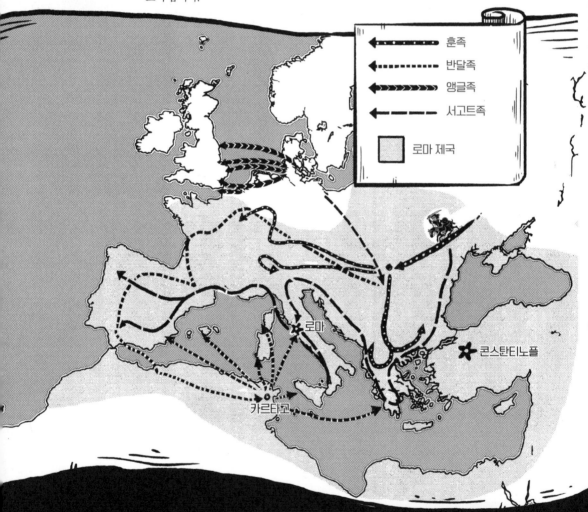

이 사건에 대해서는 남아 있는 자료가 그리 많지 않기 때문에중세시대라서가 아니에요!, 어째서 한때는 위대했던 로마 제국이 겁 없는 야만인 군대에게 패배했었는지에 대해서는 정확히 알 수가 없습니다. 하지만 그 원인에 대한 유력한 가설은 여럿 존재합니다. 그중 가장 유력한 두 개의 가설은 로마 제국의 몰락을 비로마인의 탓으로 돌리거나 로마 제국 내부의 동질감과 단결의 부재 때문이라고 탓하는 것입니다.

· 로마의 몰락 ·

대다수의 역사가는 로마의 몰락이 게르만족의 대이동 때문에 초래되었다고 봅니다. 야만인들이 출현한 이후 그들이 로마 내 영토에 정착하면서 제국의 군비부담이 증가하는 한편 세수기반은 감소했고, 이에 대해 사람들은 환멸감을 느끼기 시작했습니다. 자기 집 앞마당에 눌러앉은 야만인들을 쫓아내는 것도 하지 못하는 군대와 나라를 위해 세금을 납부하는 것이 무슨 의미가 있을까요?

다른 역사가들은 로마 몰락의 원인이 내부에 있었다고, 정확히는 이미 로마 제국이 안으로부터 부패하고 있었던 것이 몰락의 원인이라고 주장합니다. 간혹 어떤 사람들은 기독교 신앙의 부상과 사라지던 로마의 전통적 가치, 교회 소속의 새로운 신앙적 지도자들의 출현이 로마 제국의 몰락으로 이어졌다고 주장하기도 합니다. 또 다른 이들은 제국 내 만연한 부패와 자신들의 입맛대로 황제를 갈아치우던 근위대의 행위를 몰락의 주원인으로 지목하기도 합니다. 마지막으로 몇몇 역사학자들은 과도한 영토 팽창 및 노예들의 노동력에 대한 의존과 같은 경제적 문제가 몰락의 원인이라고 주장하기도 합니다.

로마 제국의 몰락이 내적인 것에 기인한 것인지 아니면 외적인 것에 기인한 것인지에 대해서는 사람들의 의견이 많이 엇갈리지만, 한 가지에 대해서는 공통적으로 동의합니다. 바로 줄어든 세금이 주요 원인 중 하나라는 것입니다. 왜 세금이 문제가 되었는지에 대해서는 서로 다른 이유를 내세우고 있지만 말이죠.

476년, 오도아케르가 스키리, 헤룰리, 루기아 등의 야만족 전사로 이루어진 무리를 몰고 올 무렵, 로마는 이미 더 이상 싸울 힘이 남아있지 않았습니다.

로물루스 아우구스툴루스가 폐위되었지만… 그것 말고는 별로 바뀐 것이 없었습니다.

이 야만인들은 부유한 제국을 다스리면서 동시에 쾌락을 누리길 바랐습니다. 그들에게 있어 로마 제국의 몰락은 큰 의미가 없었습니다.

이제는 그들이 지배자였습니다.

여러분이 길가에 있는 로마인에게 제국의 몰락에 대해서 어떻게 생각하느냐고 물어보더라도 그들이 질문을 이해하지 못할 정도로 상황은 비슷해졌답니다.

한편, 동로마 제국은 야만인들의 이주에도 영향을 받지 않았으므로 이제껏 그래왔듯이 모든 게 똑같습니다.

뭘 봐.
가던 길 가!

으라아아아아!

· 로마의 후계자들 ·

테오도리쿠스 대왕454-526은 서로마 제국의 몰락 이후 처음으로 이탈리아 반도를 통치했습니다. 그는 인질로 콘스탄티노플의 궁전에서 양육되었습니다. 즉 동로마 제국에서 교육을 받았다는 뜻입니다문맹이었지만요.

황제 제노425-491는 호화로운 로마식 교육을 받은 테오도리쿠스에게 오도아케르를 타도하라며 이탈리아 반도로 보내게 됩니다. 물론 그는 이를 성공시키죠, 저녁 만찬에서 오도아케르를 죽임으로써요.

황제

제노

테오도리쿠스 대왕

오도아케르

테오도리쿠스 왕은 이후 라벤나에 수도를 둔 동고트 왕국을 건국합니다. 비록 본질적으로는 동로마 제국의 속국이었지만 테오도리쿠스는 자신을 황제처럼 치장하는 것을 즐겼습니다. 그의 주변에는 로마인들이 가득 찼으며, 서로마 제국과 최대한 비슷하게 통치하였습니다. 이 같은 조치는 그에게 지배자로서의 정당성을 주었으며 근동의 다른 왕들에게 감 놔라 배 놔라 하는 걸 가능케 했습니다.

테오도리쿠스 대왕은 다른 이들에게 자신이 로마인이었다는 확신을 주기 위해 한 가지 묘수를 둡니다. 바로 카시오도루스485-585를 기용한 것입니다. 정확히는 그에게 국정을 맡기고, 모든 글을 대필하게 했습니다. 카시오도루스는 로마인들의 작문법에 대해 잘 알고 있었으며, 어떻게 국정을 운영하는지도 잘 이해하고 있었기에 외부에서 테오도리쿠스 대왕을 완벽한 문명인의 한 예로 보도록 미화할 수 있었습니다.

테오도리쿠스 대왕은 평화를 확립하기 위한 수단 가운데 하나로 정략결혼 정책을 펼쳤는데, 이를 통해 동맹을 확고히 하고자 했습니다. 그 자신은 프랑크족 왕의 여동생을 왕비로 맞이했으며, 친척들 중 여성인 이들은 부르군트족, 서고트족, 그리고 반달족의 왕들과 정략결혼을 시켰습니다.

하지만 카시오도루스의 지속적인 외교적 노력과 테오도리쿠스 왕의 주도 하에 행해진 정략혼은 동고트 왕국 입장에서 볼 때 상당한 외교적 노력이 필요했다는 것을 보여주는 것이었습니다. 로마를 계승한 속국들이 그다지 매너 있게 굴지 않았음은 물론이고 동고트 왕국만큼이나 체계적이었던 데다 로마 제국의 뒤를 잇는다는 그들의 명분 또한 부족하지 않았기 때문입니다.

동고트 왕국 말고 또 어떤 나라가 로마 제국을 계승할 권리가 있다고 주장했을까요? 서고트 왕국을 한 예로 들 수 있겠군요. 이들은 로마 제국을 계승하겠다는 자신들의 명분을 군사적 개입과 로마에 대한 존중을 보임으로써 얻을 수 있었습니다. 서고트 사람들은 자신들을 로마 제국의 후계자라고 자주 말하곤 했습니다. 이들은 기본적으로 로마의 포이데라티, 즉 로마의 종속국이었는데 군사적 지원을 하는 대신 로마만이 줄.수 있던 혜택을 제공받았습니다. 로마 제국의 몰락 이후 서고트 왕국은 이베리아 반도의 톨레도에 높은 수준의 국가 체계를 갖춘 수도를 둠으로써 옛 로마의 질서를 회복하고자 했습니다.

서고트 왕국 북쪽에서는 프랑크족이 테오도리쿠스 왕의 처남인 클로비스 1세의 통치 하에 왕국을 건설했습니다. 나라의 이름을 프랑크 왕국이라 하였는데 오늘날 프랑스의 국가명은 여기에서 비롯된 것입니다. 클로비스 1세는 시의적절한 기독교 개종, 인근 왕국들과의 혼인, 왕국의 통치를 위해 본인이 만들고 로마법이라 부른 법을 제정했으며, 때마침 그에게 도전장을 내밀던 적들을 참수함으로써 자신의 통치와 로마 시민권을 정당화 시켰습니다.

누가 진정한 로마 제국의 후계자인지에 관한 의견충돌은 단순한 의견이나 이론적 수준에 그치지 않고 승계 국가들 사이에서의 대규모 전쟁으로 이어졌습니다. 프랑크족과 서고트족은 지속적으로 오늘날 프랑스의 남부에 해당하는 영토에서 전쟁을 벌였으며, 여기서 훨씬 더 동쪽에 있는 동로마는 테오도리쿠스 왕에게 불만을 가지고 있었기에 클로비스 1세와 프랑크족에게 재정적 지원을 하면서 동고트 왕국을 공격하도록 유도했습니다.

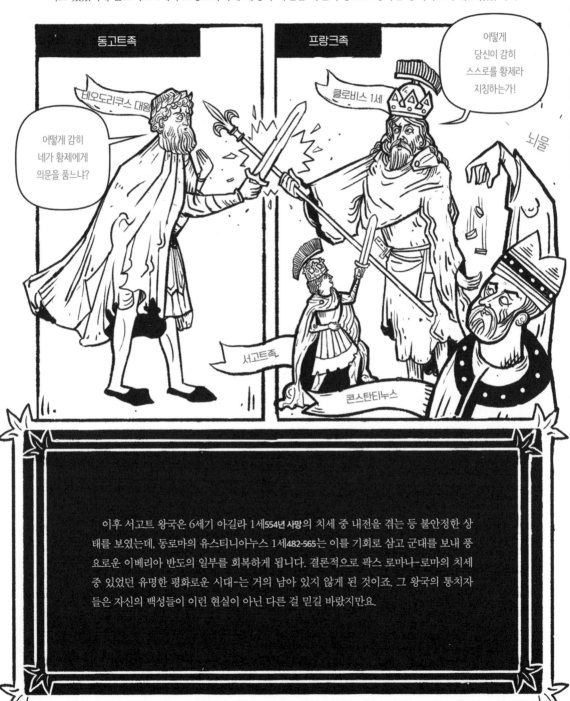

이후 서고트 왕국은 6세기 아길라 1세554년 사망의 치세 중 내전을 겪는 등 불안정한 상태를 보였는데, 동로마의 유스티니아누스 1세482-565는 이를 기회로 삼고 군대를 보내 풍요로운 이베리아 반도의 일부를 회복하게 됩니다. 결론적으로 팍스 로마나-로마의 치세 중 있었던 유명한 평화로운 시대-는 거의 남아 있지 않게 된 것이죠. 그 왕국의 통치자들은 자신의 백성들이 이런 현실이 아닌 다른 걸 믿길 바랐지만요.

· 비잔티움 제국 ·

서유럽이 불협화음에 시달리던 반면 동로마 제국, 아니 비잔티움 제국은 지금까지 그래왔듯 별 다른 변화가 없었습니다. 이 제국은 거대한 세수를 안겨주는 매우 번창한 여러 가지 지역들, 특히 이집트를 지배했습니다. 여기서 발생한 세금 덕분에 비잔티움 제국은 복잡한 국가 체계, 엄청난 규모의 군대, 그리고 황실을 유지할 수 있었습니다.

사바티우스

비길란티아(엄마)

유스티누스 1세

비길란티아(딸)

유스티니아누스 1세

테오도라

찡긋

유스티니아누스 2세

우리 사이에 아들이 없다고 해서
우리가 중요하지 않다는
의미는 아니야!

괜찮아요, 오라버니.
제국은 제가 지킬게요.

6세기에 이르러 비잔티움 제국은 518년 제위에 오른 유스티누스 1세로 시작되는 유스티니아누스 왕조가 통치했는데, 로마 제국이 상실한 영토의 일부분을 회복하기도 했습니다.

하지만 모든 게 항상 순조롭기만 했던 것은 아니었습니다. 532년, 콘스탄티노플에서 니카반란전차 경주 팀들이 정치적 파장을 몰고 온 대규모 봉기이 발생한 것입니다.

당시 콘스탄티노플에는 4개의 대표적인 전차 팀들이 있었는데 이 팀들은 각각 적색, 백색, 청색, 녹색 등의 색깔로 구별되었습니다. 각 팀은 정치적 안건뿐만 아니라 서로 다른 신학적 난제와 정치적 입장을 견지했으며 오늘날의 축구 훌리건들처럼 가끔 경주 이후 폭동도 일으키곤 했습니다. 이때 몇몇 청색 및 녹색 팀 소속 선수들이 폭동 중 일으킨 살인행위 때문에 체포되기도 했습니다. 이럴 경우, 그들 대부분은 교수형에 처해졌지만 한명씩은 도주에 성공해 교회로 피신하기도 했습니다. 경주를 직관하던 관중들은 유스티니아누스 1세가 일으킨 전쟁으로 인한 높은 세율 및 페르시아 사산 왕조와의 휴전 때문에 이미 성나 있었으며 도주한 이들을 용서할 것을 촉구했습니다. 그 후 이들은 유스티니아누스 1세가 경주를 구경하던 궁전을 포위했습니다. 이 같은 반란은 1주일 동안 지속되었고 3만 명이 목숨을 잃었습니다.

이와 같은 국가 차원의 전차 경주 후원, 3만 명이라는 사상자에도 끄떡없는 수도의 존재는 제국이 얼마나 번영했는지를 잘 보여주는 것입니다. 즉, 제국은 여전히 제국이었던 것이죠.

· 황제 교황주의 ·

옛날 서로마가 그러했듯 동로마 황제는 교회의 우두머리이기도 했습니다. 역사가들은 이것을 가리켜 '황제 교황주의'라고 불렀습니다. 이는 콘스탄티노플이 축성된 330년부터 10세기까지 황제가 직접 공회의고위 성직자 및 신학자들이 모여서 종교적 안건들을 처리하는 모임를 감독하며 총대주교가장 지위가 높은 주교. 이들을 가리켜 펜타르키라 불렀다를 임명하는 등 동방 정교회를 지배했음을 의미하는 것입니다.

8세기 말까지 '교황'이라는 자리는 존재하긴 했지만 로마의 주교를 뜻할 뿐 별다른 의미는 없었습니다. 오늘날 우리가 동고트 왕국의 교황 선출기간493-537으로 부르는 이 짧은 기간 동안, 동고트족 왕은 본인이 원하는 이를 교황으로 임명했습니다. 이것은 대개 뇌물 수수 같은 불쾌한 관습을 통해 정

찡긋 찡긋

돈

해졌으며 이는 종종 교회의 완전한 분열로 이어지곤 했습니다. 이는 문제가 많은 제도였으며, 선출된 교황들 또한 그리 큰 영향력을 발휘하지는 못했습니다.

유스티니아누스 1세는 콘스탄티노플에서 이 모든 걸 좋지 않게 보고 있었습니다. 그래서 기원후 535년, 동고트 왕국의 왕위 계승 위기를 기회로 삼아 이탈리아 반도의 수복을 시도하는 동시에, 그 당시 교황이었던 실베리우스537년 사망를 퇴위시키고 비길리우스555년 사망를 새로운 교황으로 취임시킵니다. 이렇게 자신의 의지를 관철한 유스티니아누스 1세는 로마 교구의 성직자들이 교황을 새로이 선출하면 흔쾌히 인정해 주었습니다. 이 같은 전통은 자카리아스752년 사망 교황 때까지 지속되었으며 이 기간 동안 교황권은 비잔티움 제국에 예속되어 있었습니다.

이 시기 이후의 교황들은 더 강력한 권력을 손에 쥐고 왕들을 쥐락펴락합니다만 중세 초기에는 그렇지 않았습니다. 오히려 수백 년 간 여러 교황들이 동로마 제국 황제의 명에 따라 직무를 수행했으며, 그들의 영향력은 로마 밖을 벗어나지 못했습니다. 그럼에도 불구하고 교황의 직위는 대도시에 위치한 교구의 주교직만큼이나 매우 매력적인 것이었습니다. 왜냐하면, 로마처럼 부유한 도시에서 교황의 직위를 수행하는 것이야말로 그들에게 어마어마한 수익을 안겨주었기 때문이죠.

초창기 교황들은 자신들을 노리는 이들에게 쓸 수 있는 매우 강력한 무기가 있었습니다. 바로 문자였죠. 정확하진 않지만, 대략 6세기 정도부터 누군가 모든 교황의 전기를 담은 연대표를 집대성하기 시작했습니다. 성 베드로부터 시작하는 이 연대표는 15세기까지 지속적으로 수정되었습니다. 이 책은 교황의 지위를 모든 걸 아우르는 막강한 지위 자체로 묘사했습니다. 황제의 변덕에 기대야 했을 때조차도요.

중세 초기 사람들에게 있어 가장 중요한 것은 누가 통치자로 있느냐가 아닌 우리가 기독교 국가들이라 지칭하는, 즉 어디가 되었든 자신이 기독교 신자들로 구성된 공동체에 속해 있냐는 것이었습니다.

여기서 기독교 국가란 기독교 신앙의 지정학적 개념이며, 기독교인들이 자신들의 세상이 진실한 신자들과 위험한 비신자들로만 이루어져 있다는 이들의 믿음을 나타내는 것입니다. 중세 초기에는 이 '위험한 비신자들'이 대개 이교도들을 의미했습니다. 사산 왕조 페르시아 제국에 있는 이들이든 유럽의 북해 해안 쪽에 살던 이들이든 말이죠.

시간이 점차 흐르면서 교회는 폭발적으로 교세를 확장하던 이슬람이라는 신흥 종교로 이루어진 무장 세력과 맞닥뜨리게 되는데, 이로 인해 이 '위험한 비신자들'이라는 개념은 교회에게 있어 더욱더 중요해졌습니다.

· 이슬람교의 발흥 ·

중세 이전, 아라비아 반도에는 여러 종교가 있었습니다. 즉 아라비아의 대다수 지역은 다신교, 쉽게 말해 여러 신을 섬기고 있었는데 이질적인 두 가지 유일신교에 대해서는 시큰둥한 반응을 보이고 있었습니다.

종교적 분열은 곧 군사적 갈등으로 변모하게 되었는데, 이는 아라비아 반도 내 정보 소통과 무역을 축소시켰습니다. 나중에 이것은 더 심각해져서 결국 메카—당시에도 카바는 다신교 성지였기 때문에 중요한 순례 장소였습니다—주변에서 가장 세력이 강성하던 쿠라이시족이 여행자들의 안전을 위해 신성한 달을—이 기간 동안에는 싸움이 금지되었습니다—시험적으로 적용하는 데까지 이르게 됩니다.

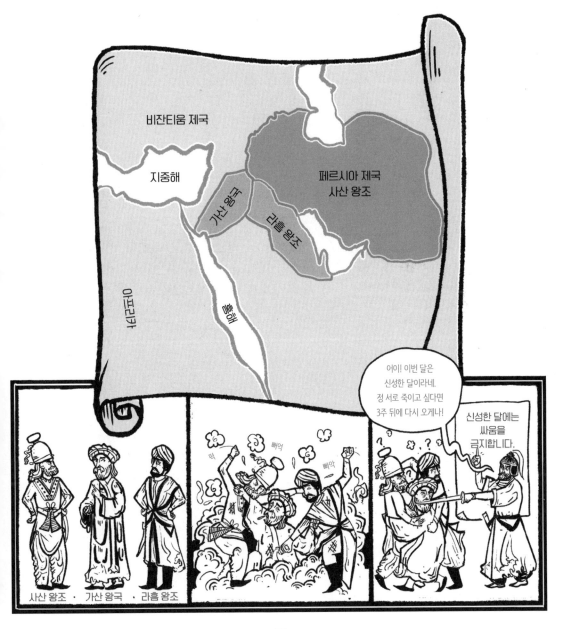

　쿠라이시족은 중세시대를 통틀어 가장 큰 영향을 미친 이를 배출했는데 그가 바로 무함마드570-632였습니다. 무함마드는 어릴 때 부모를 잃고 고아가 되었는데, 거친 환경에서 삼촌의 보살핌 아래 성장했습니다. 후에 그는 상인이자 중재자가 됩니다. 나중에는 '히라'라고 불린 자발 알 누르산에 혼자 올라가 기도를 하게 되는데요. 전해져오는 이야기에 따르면, 기원후 610년 천사 가브리엘이 무함마드 앞에 나타나 그로 하여금 쿠란에 들어갈 가르침들을 암송하게 했다고 합니다.

　또한 무함마드가 본 환영은 그에게 인간이 자신의 창조주를 섬길 책임이 있음을, 그리고 종말과 신의 심판 및 신자들이 짊어져야 하는 종교적 의무에 대해서도 전하라 명령했다고 합니다.

기원후 630년, 무함마드는 만여 명을 개종시켰으며, 전에 다신교 숭배 장소로서의 중요성 때문에 자신에게 불복하던 메카를 차지하게 됩니다. 여기서부터 그는 아라비아 반도를 정복해 나갔으며, 결국에는 많은 부족을 하나의 무슬림 정권으로 통일시켰습니다.

무함마드의 죽음 이후 아라비아의 무슬림들은 더 큰 목표를 설정하고 오늘날 '초기 이슬람 정복전쟁'이라 불리는 많은 정복활동을 벌이기 시작합니다. 기원후 634년-641년, 이들은 비잔틴 제국이 소유하던 레반트를 공격합니다. 그 다음으로 이집트를 노렸으며, 기원후 642년에 그곳을 차지하게 됩니다. 이후 무슬림들은 페르시아의 사산 왕조와 싸웠습니다. 그리고 기원후 651년, 페르시아와 메소포타미아 또한 무슬림들이 차지하게 됩니다. 백 년 후에는 이베리아 반도 대부분, 북아프리카 전역, 그리고 동쪽으로는 오늘날의 파키스탄에 이르는 땅을 지배하게 됩니다.

· 우상 파괴에 대한 논란 ·

비잔틴 제국은 가장 큰 세수를 잃은 후, 갑작스럽게 근처에 신흥 군사 강국을 맞닥뜨리는 상황에 처하게 됩니다. 하지만 이는 통치뿐만이 아닌 종교적 위기이기도 했습니다. 이슬람교를 숭배하는 군대가 정복한 땅에 살던 사람들 중 상당수가 이슬람교로 개종했기 때문입니다. 비잔틴 제국 사람들은 자신들을 기독교 국가의 대표로 여겼으며, 이들에게 있어서 새로운 신흥 종교 집단에게 영토를 상실한다는 것은 곧 신이 벌을 내리는 것과 같았습니다.

여기에 더해 기원후 726년에는 오늘날 산토리니라 불리는 에게해 근처의 멀지 않은 곳에서 거대한 화산 폭발이 일어났으며, 이로 인해 많은 사람들이 죽었는데 마치 신이 비잔틴 제국에게 매우 노한 것처럼 보였습니다.

이에 대응하여 분노한 신을 달래기 위해 성상 파괴-문자 그대로-라는 새로운 종교 운동이 일어나게 됩니다.

성상 숭배자들은 신이 분노한 이유가 그들이 우상을 섬기지 말라는—이들은 여기서 우상을 성상이라고 해석했습니다—십계명을 무시했기 때문이라고 생각했습니다. 성상은 종교적 심상인데 대개 성자, 성모 마리아, 그리스도, 천사, 또는 종교적인 장면들을 그리며 종교적 명상과 숭배에 쓰이는 것이죠.

성상 파괴주의자들은 성상 숭배가 우상 숭배에 버금가기에 없어져야 한다고 주장했습니다. 어쨌든 간에 우상을 섬기지 않는 무슬림들은 번창하고 있었으니까요. 그 결과, 기원후 726년-730년 사이에 성상의 인기는 시들었으며 콘스탄티노플 주변에서 치워지기 시작했죠. 이는 성상 옹호론자들의 폭동과 동서교회의 분열로서방교회는 우상을 옹호한 반면 동방교회는 우상 파괴를 주장했기에 입장이 갈렸죠 이어졌습니다.

한동안 비잔틴의 통치자들은 성상을 옹호하는 성상 숭배자들과 성상 파괴자들의 두 진영으로 나뉘게 됩니다. 대개 남성 통치자들은 성상 파괴자였던 반면, 여성 통치자들남편이 죽은 후 자식들이 너무 어려서 수렴청정한 이들을 말함은 여성들에게 집에서 하는 사적 예배의 한 형태로서 인기가 많던 성상 숭배를 복원시켰습니다. 나중에는 남성 통치자들이 다시 성상 파괴를 회복시키는 경우가 생겼었는데, 특히 무슬림들이나 불가리아 군대와의 전쟁이 여의치 않을 때 그랬습니다.

기원후 843년, 성상 숭배 논란은 테오도라 황후가 성상 숭배의 복원을 주도하게 되면서 끝을 맺었습니다. 이 일은 오늘날까지 정교회 달력을 기준으로 한 사순절의 첫 일요일에 '정교의 승리'로 불리면서 기념되고 있습니다. 이 날은 성상 자체가 매우 인기 있는 주제가 되곤 합니다.

오늘날 인습 타파주의자옛 풍습 및 습관 따위를 파괴하려고 하는 사람라는 단어는 이 일화에서 비롯되었으며, 이는 동시에 황제가 교회를 지배할 때에는 정치적 중요성과 종교적 중요성이 하나가 된다는 것을 보여주는 것이기도 했습니다.

· 성자들 ·

숭배 대상으로서 성상의 인기는 중세시대 동안 끝없이 증가하던 성자 숭배와 결부되기도 합니다. 초기 교회에서는 성인의 자격을 얻는 과정이 요즘보다 더 느슨했습니다. 성 아우구스티누스353-430와 같은 몇몇 초기 성자들은 신학을 향한 그들의 기여 덕택에 성인으로 인정받았습니다. 성 제롬384년 선종 같은 여타 성자들은 사막에 있는 동굴에서의 고행이나 스스로를 돌로 치는 행위, 매력적인 악마들의 유혹을 견뎌내거나 사자와 친구가 되는 험난한 일들을 행함으로써 성인으로 인정받았습니다. 성인으로 인정받는 여러 가지 방법이 있었던 셈입니다.

도장

성 아우구스티누스

도장

직인

성 제롬

이 요부,
날 그만 유혹하시게!

33

중세시대에 성인이 되는 가장 좋은 방법은 부자가 된 후 갖고 있던 부를 모두 포기하는 것이었습니다. 가난한 사람이 누더기 옷을 입고 채식을 하는 것은 당연한 일상이었기 때문에— 즉 성스러움의 증명이 아니었기에— 제외되었습니다. 하지만 교황이나 왕족은 다이어트를 하는 것만으로도 성인이 될 수 있었습니다가장 빠른 방법이기도 했죠.

중세 초기에 빠르게 성인으로 인정받는 또 다른 방법으로 순교가 있었습니다. 예를 들면, 포메라니아에서 이교도들에게 전도하다 참수된 성 아달베르트956-997가 있습니다.

성인의 존재는 교회에게 유용했습니다. 일반인들에게 성인은 세속의 어려움에도 불구하고 자신들 또한 완전한 성스러움에 이를 수 있다는 증거였기 때문이죠. 이는 사람들이 자주 교회에 있는 성인의 성유물예를 들어 유골을 보면서 기도를 드리곤 했기 때문에, 많은 사람이 교회에 나아가 기부를 했다는 것을 뜻하기도 합니다.

·수도원 운동·

교회는 처음에는 신도를 늘리기 위해서 사람들이 누군가를 성인이라고 부르면 그 말을 그대로 받아들였으나, 나중에 교회가 스스로 성인을 선정할 때는 신학자들을 선택했습니다 이는 누구든지 자신이 원하는 규율을 만들고 신도들에게 적용시키고자 하는 이라면 가능했습니다. 성 베네딕트480-537는 이와 같이 규율을 만들고, 적용함으로써 서방 수도 생활의 아버지라는 칭호를 얻게 됩니다.

그렇다고 성 베네딕트가 최초의 수도승은 아니었습니다. 최초의 수도승이라는 영예는 황야의 교부들이 가지고 있는데요. 역사학자 피터 히더는 그들이 "사막의 동굴에 은둔하며 자위행위를 삼갔기에 성인으로 인정된 이들이다"라고 했습니다. 주상성자 시메온390-459과 같은 다른 이들은 기둥 위에서 사는 걸 선택하고, 37년 간 그 위에서 살았습니다그리고 이를 통해 성인으로 인정받았죠.

사람들은 이 방법을 좋아했습니다, 하지만 세상으로부터 도피하고 싶은 사람들이 이용할 수 있는 동굴과 기둥이 너무 많았기 때문에, 교회는 이 같은 관행을 통제할 방법이 없었습니다.

이 같은 은둔자에게 많은 추종자들이 생겼으나—자주 있었죠—이상한 종교 사상을 가지고 있는 경우에도 교회는 추종자들이 좋아하는 이 수도승을 잘못되었다고 말하지 않았는데요. 바로 여기서 성 베네딕트가 등장합니다. 그는 동굴이 아니라도 사람들이 죄악으로 가득 찬 세계에서 벗어나 신에게 온전히 몰두할 수 있는 장소가 수도원이라는 생각을 하고 있었습니다. 그는 첫 번째 수도원을 로마 밖 몬테카시노에 세웠습니다.

또한 성 베네딕트는 수도원에 들어온 수도승들에게 신을 기쁘게 하는 규칙서의 내용을 따를 걸 요구했는데요. 교회는 이를 몹시 좋아했습니다. 규칙서는 73개의 장으로 구성되어 있었는데 그 내용이 매우 방대해서 수도승이 무엇을 먹고, 어떤 옷을 입으며, 하루에 몇 번 기도해야 하고, 어떻게 노동해야 하는지를 모두 담고 있었습니다.

성 베네딕트의 규칙서 중 가장 중심이 되는 내용은 바로 수도승들은 순종적이어야 한다는 것입니다. 수도승이 새로 수도원에 들어가면, 그는 스스로의 의지를 수도원장—수도승들의 총책임자—에게 내어주어야 했습니다.

기본적으로 수도원은 자급자족을 해야 했던 곳이었습니다. 이 때문에 수도승들은 기도하는 것 외에 필사, 맥주 양조, 정원 가꾸기 등 여러 가지 일에도 종사했습니다. 세속을 떠난 것을 증명하기 위해 삭발을 하고이상한 고리 모양의 머리카락만 남기고 나머지 부분은 부분 탈모라도 있는 것처럼 빡빡 밀었죠 값싸고 지저분한 수도복을 입었습니다.

종교를 고수하기 위해서 세속을 떠난다는 개념은 문제가 있었는데요. 그것은 바로 너무 엄청나게 인기가 있었다는 것입니다. 결국 수도승들과 수녀들은 사회에서 분리되기보단 오히려 사회의 새로운 일부가 되기에 이르렀습니다.

많은 수도승과 수녀가 아이였을 때 평신도로서 바쳐졌는데, 이때 아이가 수도원에 기여할 수 있는 나이가 될 때까지 이들의 집안에서 양육에 도움이 되도록 상당한 양의 기부금 또한 봉헌했습니다. 즉, 대부분 부유한 집안 출신이었던 것이죠.

몬테카시노 수도원은 바깥세상으로부터 도피하려고 했었겠지만 아이러니하게도 세상을 바꿔놓고 말았죠. 생각을 해보세요. 여러분, 중세의 한 장면을 상상해보세요, 누가 있나요? 공주님? 기사? 몇몇의 농민? 여러분도 수도승을 상상하고 있지 않았나요?

· 샤를마뉴 ·

수도원들과 이 수도원들이 배출해낸 숙련된 필경사들, 신학자들은 교회뿐만 아니라 지배층에게도 유용한 존재였는데요. 특히 첫 신성 로마 제국 황제인 샤를마뉴742-814의 통치기는 더욱 그러했습니다. 대제의 이름인 '샤를'은 프랑크 왕국의 주요 귀족 가문에서 따온 것이었는데, 그가 너무나 강력한 황제가 되자 대제의 가문 역시 그의 이름을 따라 카롤링거 왕조대제 이름의 표준 표기는 카롤루스 대제라고 불렸으며, 역사가들도 이를 받아들여 그 이후 황족들을 모두 카롤링거라고 칭했습니다.

샤를마뉴는 공동 통치자로서 자신의 아버지가 다스리던 프랑크 왕국을 물려받았으며, 커다란 포부가 있었습니다. 그는 자신을 적에게 둘러싸여 있으나, 별다른 영향력은 없던 교황의 수호자로 여겼습니다. 샤를마뉴에게 있어서 이런 인식은 6세기 후반부터 이탈리아 반도를 차지하고 교회와 계속 갈등을 빚던 롬바르드족과의 즉각적인 전쟁을 불러왔습니다. 그는 이베리아 반도의 무슬림 세력인 알-안달루스, 작센의 이교도들과도 전쟁을 치루며 다양한 성공을 거두게 됩니다.

샤를마뉴는 작센에 있는 자기 세력을 유지하기 위해서 《작센 법령집》을 반포했으며, 이를 통해 작센의 이교도를 개종시켰고 그리고, 음…… 많은 사람을 죽였습니다. 처음에는 이 같은 무력행사가 그에게 작센을 안겨주었지만, 결국 작센에서 본인의 세력이 확고해지도록 해준 것은 개종과 법이었습니다. 로마 제국에서 그랬듯, 규범에는 사람들로 하여금 규칙에 따를 것을 강제할 휘이 있음이 증명되었습니다.

·카롤링거 르네상스·

또한 샤를마뉴는 오늘날 역사가들이 카롤링거 르네상스라고 부르는 문화부흥운동을 왕실을 중심으로 일으켰는데, 이 운동은 8세기 후반에서 9세기 초반까지 이어졌으며 덕분에 지성과 문화 활동이 꽃을 피웠습니다. 샤를마뉴는 유럽 내에 숨은 뛰어난 인재들을 샅샅이 찾아 영입했으며, 이들을 초대한 후 시간을 보내며 사색할 수 있도록 해주었습니다. 이는 모두 늘어난 여행객들, 활발해진 경제 활동과 마찬가지로 서유럽이 새롭게 통일되었기에 가능했던 일이었습니다.

샤를마뉴가 모집했던 인재들 중 주목할 만한 이로 요크의 알퀸735-804이 있었는데, 그는 교조적 논문과 문법에 대해 글을 쓰고 수도원과 대성당에 학교 설립을 촉구하는 편지를 쓰는 것과 같은 형태로 샤를마뉴를 도와주기 위해서 영국에서 왔습니다.

샤를마뉴가 기울인 노력의 결과물인 이 학교들은 총 7개의 자유학예를 3학수사학, 논리학 문법 4과산수, 기하학, 천문학, 음악로 나누어 가르쳤습니다.

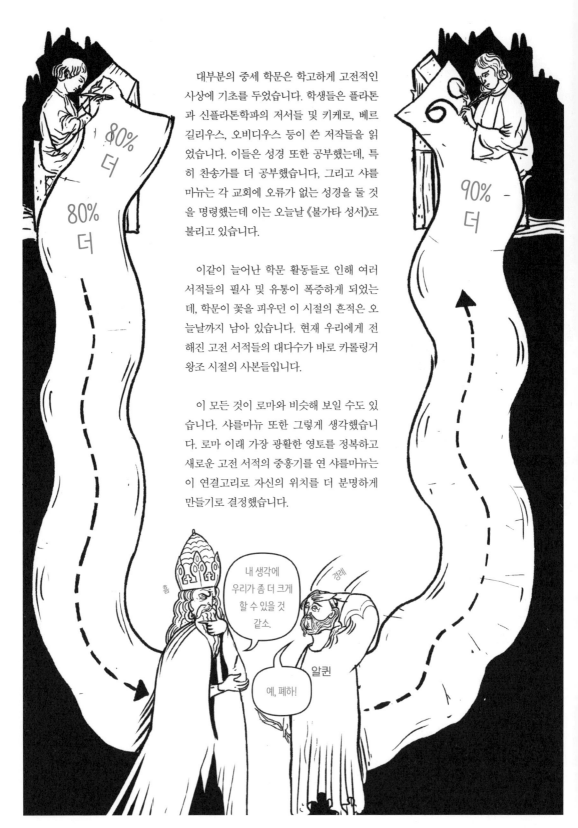

대부분의 중세 학문은 학고하게 고전적인 사상에 기초를 두었습니다. 학생들은 플라톤과 신플라톤학파의 저서들 및 키케로, 베르길리우스, 오비디우스 등이 쓴 저작들을 읽었습니다. 이들은 성경 또한 공부했는데, 특히 찬송가를 더 공부했습니다, 그리고 샤를마뉴는 각 교회에 오류가 없는 성경을 둘 것을 명령했는데 이는 오늘날 《불가타 성서》로 불리고 있습니다.

이같이 늘어난 학문 활동들로 인해 여러 서적들의 필사 및 유통이 폭증하게 되었는데, 학문이 꽃을 피우던 이 시절의 흔적은 오늘날까지 남아 있습니다. 현재 우리에게 전해진 고전 서적들의 대다수가 바로 카롤링거 왕조 시절의 사본들입니다.

이 모든 것이 로마와 비슷해 보일 수도 있습니다. 샤를마뉴 또한 그렇게 생각했습니다. 로마 이래 가장 광활한 영토를 정복하고 새로운 고전 서적의 중흥기를 연 샤를마뉴는 이 연결고리로 자신의 위치를 더 분명하게 만들기로 결정했습니다.

80% 더

80% 더

90% 더

흠

내 생각에 우리가 좀 더 크게 할 수 있을 것 같소.

경례

예, 폐하!

알퀸

799년, 교황 레오 3세816년 사망는 전임 교황 하드리아노 1세795년 사망의 친척들이 자신에게 저지른 역사적인 구타사건 이후 또 다시 자신의 혀를 자르고 눈을 파내려 하자, 로마에서 달아나게 됩니다. 운 좋게도 그 당시 그곳에 있던 샤를마뉴의 사절 두 명이 레오 3세를 안전한 프랑크 왕국 궁정으로 데려갔습니다.

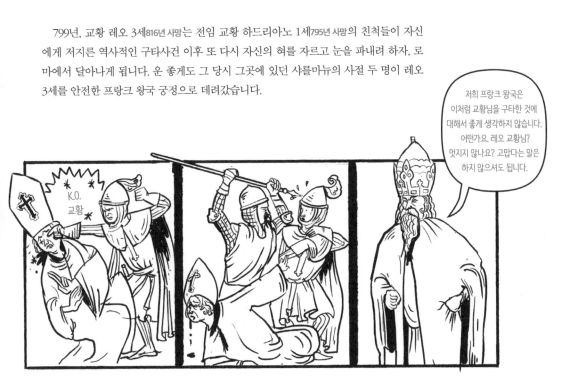

레오 3세를 구하고 본인이 교회의 우방임을 증명한 후, 샤를마뉴는 사색에 빠져들었습니다. 이듬해 800년 12월 25일, 그는 로마로 진군하여 교황으로 하여금 자신에게 신성 로마 제국의 왕관을 씌우게 했습니다. 이는 샤를마뉴에게 큰 도움이 되었지만, 의도하지 않은 결과 또한 초래하게 됩니다. 샤를마뉴를 황제로 인정하면서 교황은 동로마 제국이 유일한 로마인지 아닌지에 대해 의문을 제기한 것입니다. 두 개의 로마 제국은 이제 인접한 하나를 이루는 두 부분이 아니라 서로 적대시하는 관계가 되었습니다.

· 교황 레오 3세와 교황수위권 ·

두 개의 로마 제국을 건설한 것에 더해 샤를마뉴의 대관식은 교황권을 정당화시켰습니다. 그 당시 교황권은 교황이 거리에서 경쟁자 가문으로부터 구타를 당할 만큼 약했습니다. 어쨌든, 덕분에 교황은 이제 서유럽에서 가장 강력한 통치자가 자신의 직위를 세속적으로 뒷받침한다고 큰소리를 칠 수 있었죠.

이는 또한 교황에게 새로운 종류의 힘을 주게 되었죠. 그것은 바로 교회에 관한 한 서방의 황제가 진짜 황제가 되려면 가급적 로마에서 교황의 대관식을 받아야 했다는 것입니다. 이제 교황은 하나님의 대리자일 뿐만 아니라, 킹메이커였습니다.

또한 교황은 대관식을 해주는 대가로 군대의 파견을 원했습니다. 이들은 성직자의 신분이어서 살인을 금했기에 황제가 그리스도교 국가들을 군사적으로 보호해주기를 바랐습니다.

· 알-안달루스 ·

특히 교황은 이베리아 반도에서 일어나고 있는 일에 관심이 많았습니다. 서고트족이 멸망하고 새로운 이슬람 왕국인 알 – 안달루스Al-Andalus가 들어섰기 때문이죠. 우마이야 왕조가 북아프리카 대부분을 점령하고, 주민의 대다수를 개종시킨 이후 발생한 일이었습니다. 이들은 711년 지브롤터에 상륙해 서고트족을 단숨에 무너뜨리고, 남은 이들을 이전보다 작아진 아스투리아스 왕국으로 몰아넣었습니다.

이베리아 반도

이프리시아(아프리카)

무슬림 왕조의 피정복민들 중 많은 이들이 이슬람으로 개종했지만, 이슬람 군대는 굳이 그것을 요구하지는 않았습니다. 왜냐고요? 사실 이슬람 율법에 따르면 이슬람교도들이 서로에게 세금을 부과하는 것은 불법이었기 때문입니다. 그래서 무슬림 통치자들은 세금을 징수할 수 있는 이교도들을 많이 원했습니다. 대부분의 서고트족은 애써 침략자들에게 저항하려 하지 않았습니다, 그래서 서고트족 지도층 중 많은 이들이 토지를 유지하며, 세금을 내는 형태의 새로운 현상을 받아들였습니다. 그러는 동안, 우마이야 왕조의 통치자들과 대부분이 북아프리카 출신인 베르베르인으로 구성된 군대가 이곳에 눌러앉았습니다.

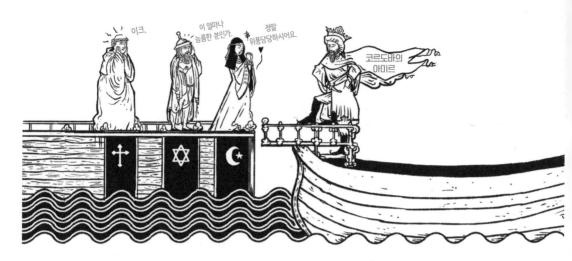

756년, 아라비아 반도에서 아바스 왕조에 의해 우마이야 왕조가 멸망했을 때, 추방된 왕자 아브드 알 라흐만 1세731-788는 알-안달루스로 탈출했습니다. 새롭게 코르도바의 아미르아바스 왕조를 자극하지 않기 위해 초기에는 이슬람 세계 최고 지도자를 의미하는 칼리파 및 칼리프국이라고 자칭하지 않았습니다가 된 그와 그의 후손들은 향후 150년 간 알-안달루스를 통치하게 됩니다. 역사가들은 이 시기를 알-안달루스의 황금기라고 부릅니다. 이 통치기에 중동의 작물들이 들어왔으며, 광범위한 관개 시스템이 도입되면서 아랍 농업 혁명이 촉발되었습니다. 안정적인 지배 가문, 중동과의 커다란 무역연결고리, 집약 농업 덕분에 코르도바의 인구는 코르도바 칼리프국의 통치 하에서 50만 명에 이르렀는데, 이는 콘스탄티노플보다 더 많은 수치였습니다.

코르도바의 인구 구성은 다양했습니다. 기독교도인 서고트족 외에 베르베르족과 아랍인 거주자들이 상당한 규모의 유대인들과 함께 새롭게 합류했습니다. 이 시기에는 코르도바 대모스크코르도바메스키타라고도 불림와 같은 위대한 작품이 세워졌습니다. 향나무, 벽옥 및 대리석 기둥으로 아로새긴 이 모스크는 알-안달루스가 8세기부터 10세기까지 한번쯤 가봐야 할 곳이었다는 사실을 알 수 있게 해줍니다.

· 시칠리아와 해양 공화국 ·

정교하게 지중해 전역에 뻗어져 있는 무역 체제, 강력한 군대, 종교의 자유를 모두 보장하던 코르도바는 사회가 안정적이고 부유했으며, 주민들에게 삶에 대한 여러 선택지를 주었기 때문에 주민의 대다수는 이를 매우 반겼습니다. 이것은 교황권에 실존적 위협이 되었습니다. 하지만 더욱 우려가 되는 것은 교황이 있는 로마에서 엎어지면 코 닿는 거리에 있는 이슬람 국가인 시칠리아였습니다.

시칠리아는 8세기 말까지 비잔티움 제국의 지배를 받고 있었습니다. 하지만, 9세기에 이르러 계속된 튀니지 인근 이슬람 세력의 공격에 비잔티움 제국은 시칠리아를 상실하게 됩니다. 878년에는 기어이 시칠리아에서 가장 큰 도시인 시라쿠사가 이슬람 군대에게 함락되기까지 하죠. 이후 시칠리아는 인구의 다수가 수니파 이슬람 집단인 다인종 국가로 남게 되지만, 이 중 많은 이들은 계속 그리스어를 사용했습니다.

마침내 시칠리아 왕국이 이웃한 이탈리아 카테파나테를 시작으로 이탈리아 반도에 군대를 보내 공격하기 시작하면서 교황의 우려는 고조되었습니다.

47

8세기 카롤링거 왕조로부터 막대한 기부를 받은 후, 교황은 현재에 이르러 우리가 교황령Papal States이라 칭하는 상당히 큰 영토를 지배했습니다. 길거리에서 싸움이나 벌이던 레오 3세 구타사건 기억나시나요? 단체치고는 선방했죠. 하여튼 교회는 이런 토지를 통해 상당한 세수를 거두고 자신들의 권력을 강화할 수 있었습니다.

더 많은 돈의 유입이 더 으리으리한 교회의 건설로 이어졌는데, 이는 유럽에서 인구가 증가하고 더 많은 이교도들이 개종함에 따라 다양해지고 확대되는 가톨릭 공동체의 필요에 부응할 수 있도록 더 많은 교구 사제들이 급여를 받게 되었음을 뜻하는 것이었습니다.

· 제해권을 손에 쥔 도시 국가들 ·

이탈리아 반도 내의 불안감에 한술 더 떠서 9세기 말에서 10세기 초에는 새로운 종류의 지역인 해양 도시 국가들이 탄생했는데, 이 도시 국가들은 제해권을 손에 쥐고 있었습니다. 또한 이미 짐작하셨겠지만, 이 해양 국가들은 배가 있었기에 무역을 하거나, 때때로 적절한 대가를 받고 해군을 파견하거나, 군대를 수송하는 것이 가진 것의 전부였습니다.

그래서 이들은 비잔티움 제국의 세력이 축소된 때를 기회로, 제국이 더 이상 통치할 수 없게 된 영토를 자신들의 영향권 아래에 두게 됩니다. 중세시대 내내 이들은 지중해에서 비잔티움 제국에게 그랬던 것처럼, 타국의 세력이 축소 및 여타 이유로 혼란스러울 때를 기회로 자신들의 영향력을 늘리는 행위를 반복했습니다. 결국에는 대부분의 도시 국가가 일부 해외 영토들을 지배하게 되었고, 이를 통해 무역 및 과세 기반을 늘릴 수 있었습니다.

도시 국가들의 재력과 힘은 무역에 기반을 두었기에, 각 도시마다 매우 부유한 상인 계층이 도시를 지배하게 되었습니다. 이것이 이 도시 국가들로 하여금 여타 왕국들과는 다른 '공화국'이라는 독특한 차이로 이어지도록 만듭니다.

· 바이킹 ·

유럽에서 해양 도시 국가들만 항해를 통해 부지런히 돈을 번 것은 아니었습니다. 바이킹 또한 항해를 통해서 돈을 벌었죠. 물론, 이들은 해양 도시 국가들처럼 새롭고 혁신적이지 않았습니다. 오히려 심각한 위협이었죠.

바이킹이란 이름은 '피오르드에서 온 사람'을 의미하는 고대 영단어 wicing에서 유래되었으며, 일반적으로 790년대부터 출현하기 시작한 스칸디나비아인들을 지칭하는데요. 배를 댈 수 있는 곳이라면 어디든지 대고 사람들을 습격했죠.

어디서 온 사람들이지?

모르겠어. 하지만 그냥 돌아갔으면 좋겠어!

바이킹의 배는 선체가 매우 얕았기 때문에 몇 피트의 물만 있으면 어디든 갈 수 있었습니다. 이것은 바이킹들이 강을 따라 내려가다 만나는 지역이라면 어디든지 엉망으로 만들 수 있었다는 것을 의미합니다. 그들은 상당히 많은 유럽대륙 사람의 삶을 매우 힘들게 했기 때문에, 우리가 영어로 바이킹이라고 칭하긴 하지만 대부분의 유럽 언어로 다양한 이름을 갖고 있습니다.

10세기에 이르러 바이킹은 비잔틴 제국의 황제들이 '바랑인 친위대'라는 이름으로, 잘 알려진 제국의 정예 근위병으로 고용하기 시작했을 정도로 전사 중의 전사로 여겨지고 있었습니다.

바이킹은 그들을 고용할 수 있는 콘스탄티노플의 부유한 사람들에게는 좋았을지 몰라도, 모든 사람에게 좋은 존재는 아니었습니다. 바이킹은 이국적인 모피, 바다코끼리의 상아 엄니, 일각고래의 뿔종종 유니콘의 뿔로 판매됨, 물개 지방 등 사람들이 원하는 상품들을 거래하기도 했습니다. 하지만 이들은 약탈을 자행하면서 데려간 사람들을 노예로 삼아 거래하기도 했죠.

바이킹은 기본적으로 약탈할 때 가질 수 있는 것이라면 무엇이든지 약탈해 가져갔습니다. 그렇기 때문에 이 시절 바다나 강가에 살던 사람들은 바이킹이 자신들을 약탈하러 올지도 모른다는 매우 현실적인 공포를 갖고 있었습니다. 심지어는 바이킹이 바그다드까지 갔었다는 고고학적 증거까지 있습니다.

물 근처에 있는 이라면 누구든지 습격당할 위험이 있었지만, 수도원은 부유하고 훔치기 좋은 것들이 많았기에 주요 표적이 되곤 했습니다.

노섬브리아 왕국에 위치한 린디스판 수도원의 습격이 있은 후, 노섬브리아 왕국 출신으로서 이에 분개한 샤를마뉴의 비서 알퀸은 이 사건에 대해서 맹렬하게 적었습니다.

바이킹의 습격은 대략 790년과 1066년 사이에 걸쳐 어디서나 흔한 일이었습니다. 845년, 유럽에서 가장 큰 도시 중 하나인 파리는 계속 바이킹들에게 공격을 받았는데, 이 공격은 카롤링거 왕조가 이들이 떠나게끔 돈을 줄 때까지 지속되었다고 합니다.

우리가 이 당시의 역사를 대하는 데 있어 바이킹의 습격에 좀 더 치우친 경향이 있기는 하지만, 이때 일어났던 일들이 전쟁과 약탈만 있었던 것은 아니었습니다. 또한 바이킹들도 결국에는 오늘날 러시아에서 북미에 이르는 땅에 정착한 후 기독교로 개종하게 됩니다.

최초로 아이슬란드에 이주한 이들이 바로 바이킹이었습니다. 또한 이들은 오늘날 아일랜드의 수도인 더블린, 훗날 요크라 불리는 머시아의 요르비크에 정착하기 시작합니다. 바이킹은 스코틀랜드에도 정착을 했는데 그 범위가 너무나 넓어 9세기 후반에 이르러, 이들은 서덜랜드노르드어로 대략 백작이란 의미를 지닌 야를의 통치 지역 중 최남단 지역이라는 사실에서 이름이 유래됨의 대부분을 차지하게 됩니다.

· 세상의 끝, 영국 ·

이제 슬슬 우리가 영국에 대해서는 지금까지 별 다른 얘기를 하지 않았다는 사실을 눈치채셨을 것 같은데요. 일부러 그런 것은 아니고 '영국'이라는 나라로서의 개념 자체가 아직 존재하지 않아서 그랬던 것입니다. 머시아나 노섬브리아라면 몰라도 '영국'은 아직 존재하지 않았습니다. 또한 중세 초기에는 브리튼섬이 그리 중요하지 않았습니다. 그렇기에 바이킹이 브리튼섬을 점거하고 데인로라고 불린 자신들의 왕국을 건설할 수 있었습니다. 영국이 좀 더 두각을 나타낸 중세 초기 이후조차 오늘날 영국의 위상에는 조금도 못 미쳤습니다.

영국이 그다지 두각을 나타내지 못한 이유 중 하나는 전 세계 기독교의 중심지인 예루살렘에서 정말 멀리 떨어져 있었기 때문입니다. 거기에 더해, 영국이 무역 측면에서도 여타 유럽 지역에 수출할 만한 게 별로 많지 않았기 때문이기도 했습니다. 그래서 이 당시 영국은 주로 자신들의 약탈품을 바이킹에게 넘기고 있었죠.

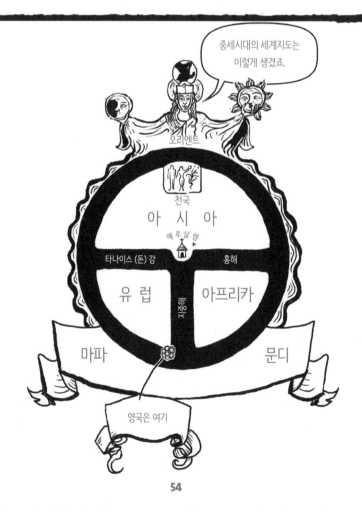

중세시대의 세계지도는 이렇게 생겼죠.

하지만 영국에는 번성하는 지역 문화가 있었습니다. 그 하나의 예로 오늘날까지 전해지는 중세 시대 고전 〈베오울프〉와 이들이 도입한 인상적인 관료 체계이는 이 시기의 사료들이 상당수 살아남았다는 것 또한 의미하죠를 들 수 있죠. 하지만 이는 식민주의 이후 영국이 세계사 속에서 중요해졌다는 점과 함께 시간이 흐름에 따라 점점 중요해진 영국의 역사를 여러분이 보는 관점, 특히 중세 영국의 역사에 대한 관점을 왜곡할 수 있습니다. 물론 중세시대 영국에 대한 연구 역시 많습니다만, 비교적 짧은 분량으로 천년에 달하는 중세 역사를 다루다 보니 비잔티움, 프랑스, 그리고 신성 로마 제국보다 중요도가 떨어지는 영국은… 어쩔 수 없이 비중이 줄었을 뿐입니다.

10세기에 이르러 카롤링거 왕조는 점차 샤를마뉴가 건설한 제국의 지배력을 잃기 시작했습니다. 결국 한때는 거대했던 제국이 여러 왕국으로 나눠지는 지경에까지 이르렀습니다.

제국이 나뉘게 된 원인은 카롤링거 왕조가 아들들에게 공평하게 재산을 물려주고자 했던 것에서 찾을 수 있습니다. 황제의 칭호는 대개의 경우 장남에게 돌아갔지만, 땅은 그렇지 않고 모든 아들에게 공평히 주어졌습니다. 덕분에 평화는 지켜졌지만, 새로운 '로마 제국'이라는 발상은 너덜너덜해지게 되었습니다. 한술 더 떠서 카롤링거 왕조의 남자들은 샤를마뉴의 제국의 옛 영광을 다시 재현한다며 계속 땅을 두고 다툼을 벌였습니다.

한편, 대륙에서는…

로타링기아

동프랑크 왕국

부르군트 왕국

프로방스 왕국

이탈리아 왕국

왕국들을 담았던 주머니

교회의 위대한 수호자들은 수차례에 걸친 바이킹의 습격과 정착, 그리고 아시아 대초원의 유목민인 마자르족의 도래 이후 자신들의 도덕적 우위를 점차 잃고 있었습니다. 카롤링거 왕조 또한 중세시대의 여타 통치자들과 마찬가지로 신이 자신을 왕으로서 성별하여 나라를 다스리게끔 했다고 주장하면서 자신의 통치를 정당화시켰는데요. 이 같은 정당화는 이후 근대 초기에 있어 중요한 개념인 왕권신수설과 이어지게 됩니다. 또한, 16세기와 17세기 사이에 존재한 영국의 스튜어트 왕조나 프랑스의 왕 루이 14세의 절대주의와도 연결됩니다.

· 오토 왕조 ·

루트거 크레이머

루트거 크레이머 교수는 오토 왕조에 대해 '카롤링거 왕조와 비슷하나 훨씬 더 동쪽에 위치해 있으며 더 절박한 왕조'라고 주장합니다. 오토 왕조의 시조는 919년 프랑크 왕국의 왕으로 선출된 하인리히 1세876-936, 새 사냥을 좋아하는 왕이라고도 알려짐로, 마자르족과 싸웠으며 카롤링거 왕조의 붕괴 이후 무너진 질서의 재확립에 전력을 다했습니다. 평화 유지에 필사적이었던 하인리히 1세는 통치에 있어선 부족의 연합 왕국 같은 체계를 선호했습니다. 각 지역의 통치자로부족 제후 또는 부족의 왕 하여금 스스로 본인의 영토를 다스리게끔 한 것이죠. 하인리히 1세는 명목상으로는 이 부족들의 지배자였으나, 이들에게 그 어떤 직접적인 간섭도 하지 않았습니다. 이 같은 체제는 자신들의 어려움에 대해 신경 써주지 않던 멀리 있는 황제들에게 질린 여타 독일어 사용자들과 새롭게 피정복민이 된 체코인들에게 잘 맞는 통치 체제였습니다.

새사냥꾼왕 하인리히 1세   그리고   마틸다

오토 대제

58

하인리히 1세가 취한 조치 덕분에 그가 다스리던 지역에서만큼은 정부의 권위가 무너지는 파국은 발생하지 않았는데, 이는 오토 왕조라는 이름의 유래가 되는 하인리히 1세의 아들 오토 대제912-973에게 좋은 출발점이 되었습니다. 그는 자신의 아버지보다 훨씬 더 공격적인 통치자였으며, 샤를마뉴처럼 나라를 부흥시켜 황제가 되려고 했습니다. 이를 분명히 보여주는 것이 바로 하인리히 1세가 936년에 서거한 후 그가 아헨에서 거행한 작센 공작, 독일 왕으로서의 대관식인데, 이는 그가 반드시 왕관을 손에 넣고자 한다는 것을 명백히 보여주는 증거였죠. 북쪽은 안정되어 있다고 느낀 그는 남쪽의 이탈리아를 주시하기 시작했으며 카롤링거 왕조가 그 자취를 감추자 그곳을 차지하기 위해 이탈리아 왕국을 공격했습니다. 그리고 짜잔! 그는 샤를마뉴 이후 최초로 프랑크족과 이탈리아인 모두를 다스리는 왕이 되었습니다.

오토 대제는 계속해서 영토를 정복해 나갔지만, 아직까지는 황제가 아니었습니다. 그가 황제의 칭호를 얻은 것은 스스로를 이탈리아의 정당한 왕이라 여겼던 베렝게르 2세900-966가 교황령을 침범했을 때 교황 요한 12세930/937-964가 오토 대제에게 교회를 대신해서 개입해줄 것을 요청한 뒤였습니다. 요청에 응한 오토 대제는 베렝게르 2세를 이탈리아 반도 밖으로 쫓아냈으며, 성 베드로 대성당에서 신성 로마 황제 대관식을 거행했습니다. 이는 마치 로마 제국이 돌아온 것만 같았습니다.

이 대관식에서는 황제와 교황의 관계에 대한 내용을 규율화한 합의서가 비준되었는데요. 요한 12세가 교회의 영적 지도자라면 오토 대제는 세속의 수호자라는 것이 공식적으로 명시되었습니다. 이는 오토 대제가 교회의 지지하에 신수왕권을 통한 자신의 통치를 정당화시켰음을, 그리고 교회는 황제의 보호를 받는다는 것을 의미했습니다.

시간이 흘러 973년에 오토가 서거했을 때 그는 이미 샤를마뉴 이래 가장 거대한 제국을 건설했고, 왕권을 신의 뜻과 명시적으로 연결했으며, 근대까지 계속 사용되는 통치 권한을 만들어 냈습니다. 이후 오토 대제의 후손들은 그의 유산을 지켜내지 못합니다만, 확실한 것은 이로부터 27년 후인 천 년의 전환기가 올 때까지는 두 개의 로마 제국이 존속했으며 왕국들은 우리가 지도에서 보던 것과 비슷한 크기의 세력을 굳히고 있었습니다.

· 종말에 대한 불안 ·

자, 이제 중세 초기의 끝을 장식하는 기원후 1000년에 도착했습니다. 이 시기는 많은 사람이 세상이 멸망할 것이라며 극도로 불안해했던 시기이기도 합니다.

이 같은 사고방식은 당시 유럽 국가들의 대다수가 기독교 사회였다는 맥락에서 생각해야만 이해할 수 있습니다. 기독교는 본질적으로 선형적인 종교입니다. 시작, 즉 하나님께서 세상을 창조하셨던 순간이라는 분명한 시작을 갖고 있죠. 우리는 이론적으로는 그 중간 지점에 살고 있습니다. 그리고 우리가 무엇을 하든지 계속 종말을 향해 가고 있죠.

중세시대의 기독교인들은 항상 묵시록을 맞이할 준비가 되어 있었습니다. 이들은 묵시록이 일어나면 적그리스도가 출현하고, 세상을 지배하며, 신실한 기독교인들을 고문하는 등 고난의 시기가 도래할 것이나 결국에는 적그리스도가 멸해지고 그로 인해 아마겟돈이 촉발될 것이라고 믿었습니다.

61

·오토 르네상스·

종말에 대한 걱정은 수많은 유럽인들이 그리스도의 왕림을 기다리기 위해 예루살렘으로 떠나는 결과로 이어졌습니다. 이 같은 동쪽 지역으로의 여행 및 동쪽 자체에 대한 갑작스러운 관심 증가는 몇몇 긍정적인 변화를 가져왔는데, 그중 하나가 바로 오늘날 오토 르네상스라고 부르는 또 다른 르네상스 시기의 출현입니다. 우선 비잔티움 제국을 거치는 여행객들이 증가하고, 새로운 서로마 황제신성 로마 황제를 의미가 출현하면서 비잔티움 제국과의 접촉이 늘어났습니다. 또한 비잔티움 제국 양식의 예술과 건축이 서유럽에서 유행하기도 했습니다. 얼마 지나지 않아 많은 건축물들이 로마 양식을 참조해 지어졌습니다.

오토 왕조는 샤를마뉴처럼 황제의 위치를 공고히 하길 원했기에 여러 수도원에 직접 자금을 지원하고, 화려하게 조명된 필사본의 작성을 의뢰했습니다. 이들은 또한 새로운 세대의 학자들을 확보하기 위해 대성당 학교의 부흥을 추진했습니다.

62

·귀족계층의 부상·

이 당시에는 식자층과 황실뿐만 아니라 귀족들에게도 즐거운 일이 많았습니다. 한 예로 카롤링거 왕조가 붕괴되면서 많은 지역 귀족이 자신들의 권력이 크게 성장한 것을 깨닫게 됩니다. 따라서 귀족들은 대개의 경우 스스로 세금 징수와 통제, 지방 법원 감독, 그리고 여행이나 지역 내 제분소 사용에 의한 수수료 징수 등을 할 수 있었죠. 또한, 귀족들은 보통 자신들의 영토 내 평화를 유지하는 이들이기도 했습니다. 역사가 조르주 뒤비는 이 지분권을 가리켜 세뇌리 바날공적 권리가 있는 영주 제도, 줄여서 공권 영주권이라고 불렀습니다.

이 시기 귀족들의 권력이 늘어난 것은 중요한 것이었습니다. 왜냐고요? 오늘날 사람들이 흔히 갖고 있는 중세 '봉건'사회에 대한 생각에 새로운 의문을 제기할 수 있기 때문입니다.

일반적으로 권력을 하사받는 것의 일종으로 생각되던 봉건제와 공권 영주권은 둘 다 어느 정도 유사성이 있습니다. 이론상 왕은 군사적 지원에 대한 대가로 귀족에게 토지와 영주의 직위를 주어야 했고, 그 귀족은 자신의 영토에서 왕의 법이 지켜지는지를 감독했습니다. 또한, 귀족은 자신의 휘하에 전쟁 발생 시 왕에게 제공할 수 있는 기사를 여럿 두었습니다. 마지막으로 기사들과 귀족들은 자신의 영지 내에 그들에게 세금을 내는 농민들을 지배했습니다.

설명만 들으면 훌륭하고 깔끔합니다만, 당시 대부분의 지역과 대다수의 사람에게는 그렇게 간단한 것이 아니었습니다. 정확히 누가 통치를 하고, 세금을 징수하며, 이를 거둬들이는지, 그리고 이 세금이 어떻게 사용되었는지는 지역마다 크게 달랐죠. 예를 들어, 동앵글리아에서 알맞은 방식이 아키텐에서도 꼭 알맞은 것은 아니었습니다. 공권 영주권이 우리에게 주로 알려주는 것은, 이 시기 유럽의 많은 지역에서는 틀림없이 그 땅을 다스릴 수 없는 왕족보다 귀족이 훨씬 더 많은 권력을 가지고 있었다는 점입니다.

봉건주의

신

왕

귀족

기사

농민

· 도시의 대두 ·

이 무렵의 또 다른 큰 변화는 소도시와 반대되는 도시의 재탄생이었습니다. 이전에는 콘스탄티노플, 로마, 코르도바, 파리를 제외하고는 도시라 부를 수 있는 곳이 몇 군데 없었습니다.

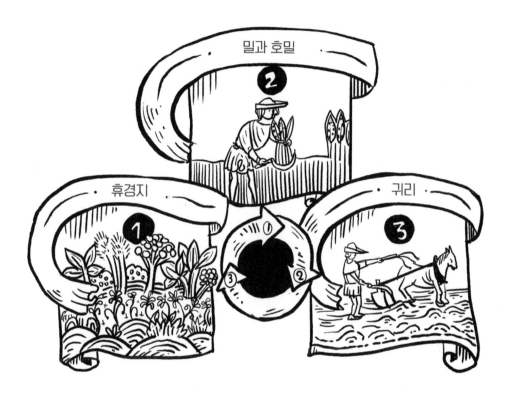

도시는 두 가지의 새로운 농업 발명인 삼포식 농법과 심경기무거운 쟁기 덕분에 10세기부터 바뀌기 시작했습니다. 여기서 삼포식 농법은 토지를 세 구역으로 나누는 것을 의미했는데요. 한 구역은 호밀이나 가을 밀 같은 주식을, 또 다른 구역에는 콩을, 마지막 구역은 지력의 회복을 위해 휴경지로 두는 것입니다. 이후 곡물 수확량은 급증했습니다. 한편 무거운 쟁기 덕분에 타 지역에 비해 토양이 더 무거운 북유럽의 진흙 또한 경작할 수 있게 되었는데 이는 이전에는 경작하기 어려웠던 지역에도 더욱 더 많은 삼포식 농장들이 생겨날 수 있게 되었음을 의미했습니다.

이런 혁신들은 예전보다 더 많은 식량을 더 많은 장소에서 생산할 수 있게 되었다는 것을 의미했습니다. 그 결과 쉽게 거래할 수 있으며 크게 증가한 인구를 지탱할 수 있는 잉여 작물이 생겨나게 되었습니다.

늘어난 인구로 인해 경작할 더 많은 땅을 찾아야 했고, 이러한 확장은 저지대-오늘날의 벨기에와 네덜란드-로까지 이어졌습니다. 이 지역 땅의 대부분은 경작할 수 없는 습지였지만 훌륭하게 만들어진 제방들 덕분에 젖지 않은 마른 땅을 확보할 수 있었죠. 그러나 물이 빠지고 새로이 생겨난 땅에서 키우기에 제일 적합한 것은 곡식이 아니라 양이었습니다. 게다가 땅을 배수하기 위해 지은 여러 운하들 덕분에, 양을 사육하여 얻을 수 있는 고급 제품인 양모를 쉽게 운반할 수 있었습니다.

양모는 중세 유럽에서 가장 중요한 물품이었다고 해도 과언이 아닙니다. 물에 젖어도 사람을 따뜻하게 해주는 이 기적의 섬유는 중앙난방이 없는 그때의 세상에서 밭일을 하는 사람들에게 항상 필요했습니다. 이런 까닭에 양모는 대규모 거래 네트워크의 근간이 되었습니다.

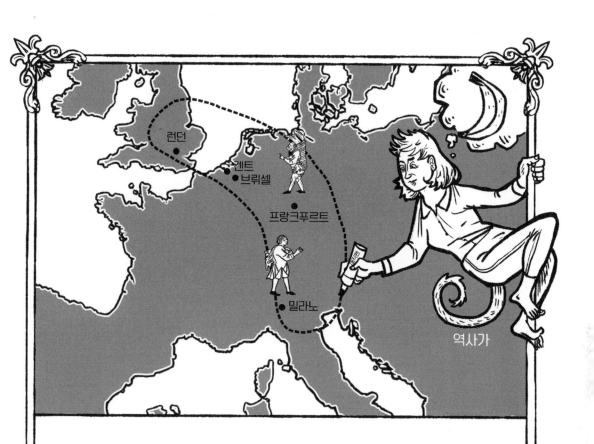

양모의 정련을 위해 직물업 같은 새로운 산업이 도시에 생겨났으며, 사람들이 정착하기 시작했습니다. 그리고 이 도시의 탄생을 가능케 한 것이 무역이었기에, 중세 유럽의 도시 사람들은 대개 '블루 바나나당시 런던에서 밀라노까지의 도시들을 아우름'라고 불리는 지역에 모여 살았습니다.

1000년 즈음에 이르러 유럽은 로마의 통치하에서 경험했던 무역 성세를 거의 회복했습니다. 비록 이제는 고대의 로마인들이 지중해와는 달리 그리 많이 발전시키지 않았던 북유럽에 훨씬 더 초점이 맞춰지기는 했지만요.

블루 바나나에 속한 도시들은 수입품, 생산품, 주민들에게 세금을 물릴 수 있었기 때문에 지배자가 누가 되었든 수익성이 좋았으며, 이 바람직한 잠재적 세수 덕분에 도시들은 대개의 경우 왕실의 관리 하에 있었습니다. 그리고 왕들은 이렇게 많은 재정적 수입을 안겨주는 블루 바나나 지역을 다른 세력에게 넘겨주는 걸 무척 꺼려했습니다. 그래서 11세기 초 귀족들은 도시에서 멀리 떨어진 지방에 머무른 반면, 도시 지역들은 왕실이 관리했습니다.

· 그레고리오 개혁 ·

이동 방식의 개선과 도시들 간의 연락망이 보다 더 좋아지면서 교회는 교황이자 성인이었던 그레고리오 7세 1015-1085의 지도 하에 그 위상을 높이기 위해 노력했는데, 이를 위해서 그레고리오 개혁이라 불리는 일련의 개혁을 추진했습니다. 몇몇 개혁들은 여러분에게는 당연히 이루어져야 할 것이라 여겨질지도 모르겠는데요. 그 중 하나를 예로 들면, 그레고리오 7세가 밀어붙인 '사제들의 결혼 금지'가 있습니다. 그는 또한 성직 매매가장 높은 가격을 부른 사람에게 성직을 파는 행위를 말합니다를 그만둘 것도 촉구했습니다.

그 이후인 1075년, 그레고리오 7세는 교황교서Dictatus papae라고 불리는 문서를 공개했습니다. 이는 기본적으로 그가 보았을 때 교회가 가졌다고 생각했던 27가지 권한의 목록이었지만, 더 분명하게 말하면… 교황 본인이 쥐었다고 생각한 힘이었습니다.

68

교황교서의 내용 중 더 중요하면서 충격적인 것은 다음과 같습니다.

3. 오직 '교황'만이 주교를 폐하거나 복직시킬 수 있다.

5. 교황은 불참자를 폐위시킬 수 있다.

6. 교황에 의해 파문된 사람들과 같은 집에 머물러서는 안 된다.

8. 오직 교황만이 황제의 휘장을 사용할 수 있다.

9. 오직 교황만이 제후들에게서 발에 입맞춤을 받는 사람이다.

12. 교황은 황제를 폐위시킬 수 있다.

14. 교황은 자신이 원한다면 어떤 교구의 성직자라도 임명할 수 있다.

19. 교황은 그 누구에게도 재판받을 수 없다.

27. 교황은 아랫사람들이 사악한 이들에게 한 충성서약을 해제해줄 수 있다

매우 인상적인 내용이기는 합니다만, 이것은 이 시기 사람들이 '교황이 실제로 가지고 있다'고 여긴 권한 목록이라기보다 교황 본인의 희망리스트에 더 가까웠습니다. 그레고리오 7세 본인이 이것을 발표해야 했다는 사실 자체가 당시 사람들이 이 같은 교황의 생각에 공감하지 않고 있었다는 것을 의미하죠. 그리고 실제 많은 사람이 이 발표를 정말 불쾌하게 생각했답니다. 특히 군주들이 그랬습니다.

갑작스럽게 많은 것이 바뀌었고, 이제 교황은 원할 때마다 왕을 파문할 수 있었으며, 신하들은 더 이상 파문된 왕에게 복종하지 않아도 되었습니다! 또한 왕이 오랜 기간 행사한 주교 임명권주교직은 왕족과 귀족 가문의 차남들에게 매우 인기가 많았습니다 역시 교황 본인의 권한이라 주장했죠.

신하들의 충성서약을 풀어준다고!?

교서의 내용에서 흥미로운 점은 교회가 교황을 수장으로 둔 하나의 거대한 사법 계급으로서 기능한다고 주장했다는 것입니다. 지상에서는 교황이 신의 대리인이었기 때문에, 근본적으로 속세의 모든 사건을 재판할 수 있는 궁극적인 사법 권위자라는 것이 그 이유였습니다.

이것은 사람들이 교회가 영적인 상담을 해주는 곳이 아니라, 지상의 중재자 역할을 하는 장소라 여기게 만든 근본적인 변화였습니다.

·교회의 대분열·

그런데 이 교황교서는 예기치 않은 결과를 초래했습니다. 원래 비잔티움 제국에서는 펜타키로마, 콘스탄티노플, 알렉산드리아, 예루살렘, 안티오크의 주교들로 이루어진 5두 체제를 말함가 동방 교회를 감독하였는데, 이들은 모두 교회의 안건에 대해 서로 동등한 발언권이 있었습니다.

교황교서가 공개되면서 당연히 비잔틴 사람들은 격분했고 교회는 대분열 또는 동서분열이라는 단어로 잘 알려진 바와 같이 나눠지게 되었습니다. 이후 양측 모두 여러 차례 화해를 시도하지만 라틴, 즉 로마 가톨릭교회와 오늘날 우리가 동방 정교회라고 부르는 그리스 정교회는 계속 분리된 채 각자의 종교적 목적을 추구하게 됩니다.

여타 종교지도자들이 가톨릭교회를 떠나 동방 정교회로 옮겨가는 동안, 교황의 권력 아래에서 원론적으로는 그 누구도 호소하지 않으려고 했던 세속의 사람들에게는 이 사건이 즉각적인 영향을 주었습니다.

교황교서는 젊은 신성 로마 제국의 황제인 하인리히 4세1050-1106에게도 문제가 되었습니다. 문제가 된 내용은 교서의 8번 조항'교황'만이 황제 휘장을 사용할 수 있다 및 13번 조항교황은 황제를 폐위할 수 있다 등을 들 수가 있었는데, 이는 바꿔 말하면 황제는 더 이상 교황을 선택할 수 없을 뿐만 아니라, 앞으로는 교황이 황제를 선택할 수 있다는 의미였습니다. 이에 반발한 하인리히 4세는 서한을 통해 새로운 교황 선출을 요구했습니다.

찬탈이 아닌 신께 기름부음을 받아 왕이 된
하인리히가 이제 교황이 아닌 가짜 수사에게
모든 주교들과 함께 말하노라.
내려오라. 내려와서 오랫동안 저주를 받을지어다.

다 받아
적었느냐?

예, 폐하.

1076년, 그레고리오 7세는 이러한 하인리히 4세의 서한에 그를 파문하고 신성 로마 제국의 황제 자리에서 폐위한다는 선언으로 답서를 대신했습니다. 또한, 하인리히 4세에게 충성서약을 한 모든 기독교인들을 이 서약으로부터 풀어줬습니다. 하인리히 4세에게 파문과 함께 딸려온 이 충성서약의 해제는 가장 직접적인 위협이었습니다. 왜냐하면, 이는 더 이상 왕으로서의 권위가 없는 하인리히 4세의 영토를 다른 군주들이 집어삼켜도 된다는 걸 의미했기 때문입니다. 1077년 1월, 자신의 영토와 권력이 줄어드는 것을 느낀 하인리히 4세는 결국 교황을 향해 고개를 숙이며 그레고리오 7세에게 감히 새로운 교황권의 의문을 제기한 것을 속죄하기 위해 그가 있던 이탈리아의 카노사로 내려가게 됩니다. 이때 하인리히 4세는 자신의 독실함을 증명하기 위해 거친 옷을 입은 상태로 성의 입구 앞에서 3일 밤낮으로 눈을 맞으며 교황을 기다려야 했습니다. 이게 바로 오늘날 카노사의 굴욕이라고 불리는 사건의 전말입니다.

그레고리오 7세는 자신의 주장이 옳다는 것을 증명했습니다. 신성 로마 제국의 황제로 하여금 며칠 동안 눈을 맞으며 서 있게 함으로써, 확실히 교황이 황제의 자리를 좌지우지할 수 있다고 말할 수 있었으니까요. 그리고 공개적인 석상에서 수치를 당하는데도, 파문이 두려운 군주들이 이를 받아들였다는 사실은 파문이 정말 많은 걸 의미한다는 점을 확실히 한 것이었죠. 이후 하인리히는 교황의 용서를 받고 교회와의 관계를 잠시 동안 회복하지만, 이전과 같은 권위를 다시 회복하지는 못했습니다. 실제로 제국 내 여러 제후는 하인리히 4세가 황위를 너무 심하게 먹칠했다고 말하면서 더 이상 세습하지 말 것을 요구했습니다. 그 대신, 다음과 같은 내용을 주장했죠.

다시 말해서 제위는 세습을 통해 물려받는 것이 아니라 선출되어야 하며, 한 번 선출되면 교황이 이를 승인해야 한다는 것이죠.

· 노르만 정복 ·

황실과 교황이 대립하는 동안, 유럽 대륙에는 새로운 세력이 등장했는데요. 바로 노르만족이었습니다. 노르만족은 이름에서 알 수 있듯 현재의 프랑스 북부에 있었던 노르망디 공국 출신입니다. 이들의 문화는 독특했는데요. 바이킹이 갈로·로만인과 서유럽인을 여러 번 약탈한 후 노르망디에 정착하기로 선택하면서 점차 현지인들과 섞이게 된 것을 그 원인으로 보고 있습니다. 바이킹족 지도자 롤로860-930가 자신에게 영토를 넘기도록 카롤루스 단순왕을 협박함으로써, 911년 노르망디 공국이 프랑스로부터 분리되어 건국될 정도로 이들의 세력은 어마어마했습니다. 그 후 노르망디 공국은 10세기 동안 계속 힘과 명성을 키워 나갔습니다.

노르만족은 프랑스 루앙에 위치한 전략적 기지에서 자신들만의 고유한 프랑스어 방언을 사용했고, 로마네스크 양식이라는 독특한 건축 양식을 가졌으며, 고유한 음악적 전통 또한 보유하고 있었으나 가장 중요한 점은 바로 이들이 조상인 바이킹처럼 용맹함으로 유명했다는 것입니다. 그렇기에 노르만족은 종종 용병으로 활동하곤 했습니다.

노르만족은 이탈리아 남쪽이 외부로부터 여러 번 공격받은 후 용병 자격으로 이곳에 처음 발을 내딛었습니다. 당시 이탈리아 남부는 비잔티움 제국에 반란을 일으킨 롬바르드족 때문에 불안정했죠. 노르만족은 전투에서 크게 두각을 나타냈으며 그리고 롬바르드족을 위해 충실히 비잔티움 제국을 몰아냈죠, 그중 세력이 두드러졌던 오트빌 및 드렝고 가문은 얼마 지나지 않아 영지를 하사받고 각각 멜피와 아베르사의 백작이라고 칭해졌습니다. 노르만족은 이곳에서부터 자신들의 국경 남쪽에 위치해 있으면서, 부유하지만 분단되어 치열한 접전이 벌어지던 시칠리아까지 영토를 확장해 나갑니다. 수년 간 계속 주인이 바뀌었던 시칠리아는 이 같은 공격에 취약했습니다. 시칠리아가 다시 기독교인들의 품에 돌아오기를 바란 교황 니콜라스 2세 990/995-1061는 오트빌 가문의 로베르 기스카르에게 시칠리아를 되찾을 것을 촉구했으며, 시칠리아에 도착하기도 전에 그를 시칠리아 공작으로 임명했습니다.

여기 머무는 것도 괜찮겠네.

ZZZZZZzzz

맞는 말이야.
하지만 교황께서 시칠리아가 아직 혼란스러울 때 쳐들어가야 한다고 하시네. 배로 가자!

시칠리아는 인구가 많고 내부 세력 사이의 이해관계가 서로 충돌했기 때문에 정복하는 것이 결코 쉽지 않았습니다만, 노르만족은 시칠리아섬의 절반을 장악하고 이슬람 토후국을 남쪽과 동쪽으로 밀어내게 됩니다. 즉, 이제는 노르만족이 시칠리아의 왕이라는 뜻이었죠.

한편, 노르만족은 이탈리아 아드리아해 연안의 비잔틴 제국도 제압하고 있었는데요. 심지어 바다 건너 크로아티아까지 진출하는 기염을 토해냅니다. 이들은 이후 아풀리아, 칼라브리아, 스폴레토를 점령하고 그리스의 섬들에까지 진격해 어느 정도 성과를 냈는데, 이로써 자신들이 준비된 정규군과 싸워도 무너지지 않음을 보여주게 됩니다.

1066년, 이즈음 노르만족은 이미 무시무시한 전사라 알려지며 명성을 얻고 있었습니다. 이때 고향에 남아 있던 노르만족이 북쪽을 노리면서 노르만 침공영국 정복을 말합니다을 시작합니다. 경제적으로 부유하며, 인구가 많고, 치열한 싸움이 벌어지던 시칠리아를 지배할 수 있었는데 영국해협 건너에 있는 정치적으로 분열된 후진국을 지배하지 않는다는 것이 이상하죠.

우리가 오늘날 영국이라고 부르는 곳은 수세기 동안 바이킹에게 침공을 당했으며, 가장 최근인 1016년에는 데인족의 침략을 받았기 때문에 침공하기에 적합한 곳이었습니다. 1066년 참회왕 에드워드1042~1066는 왕좌를 되찾았으나, 후계를 남기지 않은 채 사망하면서 헤럴드 고드윈슨 웨섹스 백작1022-1066이 왕위를 이을 것을 명시합니다. 노르만족은 참회왕의 죽음 이후 부자연스럽고 잇따른 왕위 계승이 제공한 기회를 놓치지 않았는데, 바로 이때 정복왕 윌리엄1028-1087이 등장합니다.

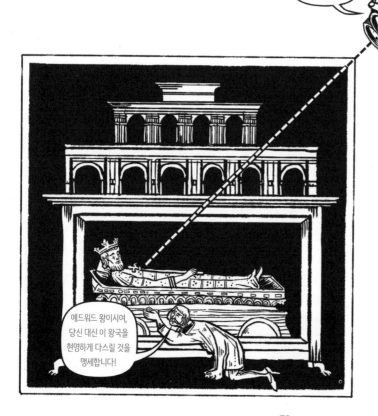

해럴드 2세가 즉위하자마자, 윌리엄 1세는 서거한 에드워드 왕이 생전에 본인의 외가 쪽 삼촌 리처드 2세 1026년 사망의 손자인 자신에게 왕위를 물려줄 것을 약속했다고 주장합니다.

한편, 노르웨이의 하랄 하르드라다 3세는 에드워드 왕의 이복형제이자 선대왕이었던 하레크누드 간의 복잡한 관계를 언급하며 영국이 자신의 것이라 주장합니다. 결국 둘 다 군대를 소집하기에 이릅니다.

하랄 하르드라다 3세는 노르웨이의 전통적인 영국 침공 포인트였던 요크를 공격했는데요. 이곳에서 자신을 막아내기 위해 파병된 북쪽의 군대를 격파합니다. 이후 노르웨이군은 스탬퍼드브리지라 불리는 작은 마을에서 거만을 떨며 시간을 보냅니다. 그러자 해럴드 고드윈슨해럴드 2세은 북쪽으로 진군해 하랄 3세를 죽이고 노르웨이군의 위세까지 박살내는남은 병력은 집으로 꽁지가 빠져라 도망쳤죠 성과를 내지만, 그의 군세 또한 큰 피해를 입습니다.

이후 헤럴드 2세는 또다시 윌리엄 1세의 군세를 상대하기 위해 남쪽 해안으로 다시 돌아가야 했죠. 그런데 전투는 그가 원하는 방향으로 흘러가지 않았습니다. 1066년 10월 14일, 헤럴드 2세의 군대는 헤이스팅스에서 윌리엄의 군세와 마주치게 됩니다. 전투 중 무슨 일이 일어났는지 확실치는 않지만, 기록에 따르면 전투가 어느 정도 일단락되었을 때 헤럴드 2세는 이미 사망해 있었습니다. 이를 두고 몇몇 이들은 윌리엄 1세가 그를 죽였다고 합니다. 또한, 혹자는 격렬한 혼전 중에 목숨을 잃어 누가 그를 죽였는지 정확히 알 수 없다고도 말하죠. 이 같은 노르만의 영국 정복을 나타내는 기념비적 예술작품인 바이외 태피스트리는 헤럴드 2세가 눈에 화살을 맞고 죽는 모습을 나타내고 있지만, 실제로는 그렇지 않습니다. 작품이 만들어진 12세기 시절에 있었던 일종의 추측이었죠.

확실한 것은 헤럴드 2세는 죽었고, 윌리엄 1세는 이겼으며, 득의양양한 노르만족이 영국을 이리저리 어슬렁어슬렁 돌아다녔다는 것입니다.

전투 후, 윌리엄 1세는 런던으로 진군했고, 아무도 제대로 된 저항을 할 수 없었습니다. 윌리엄 1세는 이 상태를 계속 유지하기 위해 영국 내 상업 중심지를 감독할 수 있으며, 충분한 병력을 배치할 수 있는 런던탑을 건설하기 시작했습니다.

영국에 상륙한 지 5개월이 지난 뒤, 윌리엄 1세는 노르망디와 그곳의 호화로운 궁정 문화로 돌아갈 수 있다고 생각할 만큼 자신의 성공에 자신감을 갖게 되었고, 그에게 충성을 맹세한 지역 귀족 몇 명을 남긴 후 노르망디로 귀국했습니다. 그 뒤 이런 저런 저항에도 불구하고 게르만어를 사용하던 옛 앵글로색슨인 귀족들의 권력과 지위는 노르만인들에 의해 서서히 줄어들게 되었습니다. 이후 나머지 중세시대 영국은 프랑스어를 사용하는 다수의 귀족에 의해 지배당했습니다.

윌리엄과 그의 후계자들은 영국해협을 왕복하며 평생을 보냈으며, 영국 왕의 대부분은 자신이 영국의 왕렉스 앙글로룸일 뿐만 아니라 노르망디 공작둑스 노르마노룸이라고도 선언하죠. 이는 당시 영국의 군주들이 오늘날 우리가 생각하는 영국인의 이미지와는 차이가 있다는 것을 알려줍니다. 또한 왕들은 영어를 쓰지 않았으며, 많은 왕이 사후 노르망디에 묻히거나 몸을 반으로 나눈 후 반은 영국에, 나머지 반은 대륙에 묻히게 됩니다.

노르만족만이 흔들리는 세력의 균형을 알아채고 활용할 줄 아는 유일한 정복자들은 아니었습니다. 이베리아 반도 또한 우마이야 왕조가 망하면서 풍요로운 코르도바 칼리파국의 땅에 권력의 공백이 생겼습니다. 북쪽에 위치한 아스투리아스8세기에 건국, 나바라10세기 건국, 그리고 레온 왕국10세기 건국 등의 기독교 국가들은 자신들이 정당한 기독교인들의 땅이라 여긴 코르도바를 끊임없이 공격하며 되찾고자 했기에, 코르도바 칼리파국에게 있어 큰 골칫거리였습니다. 우마이야 왕조의 붕괴는 기독교 왕국들이 원래 노리던 것보다 더 많은 것을 취할 수 있는 최고의 기회였습니다.

· 레콘키스타(국토 회복 전쟁) ·

1085년, 이베리아 반도 밖에 있는 기독교 세계는 레온-카스티야 왕국의 왕 알폰소 6세1040-1109가 세고비아, 살라망카, 그리고 아빌라에서 치른 무슬림 군대와의 전투에서 계속 승리를 거둔 후, 이슬람이 정복하기 전까지 서고트 왕국의 수도였던 톨레도를 점령하자 매우 흥분했습니다. 본래 톨레도는 서고트 왕국의 땅이었기에 정당한 기독교인들의 도시로 여겨졌으며, 이곳을 재탈환하는 것은 이베리아 반도 내 기독교인들에게 있어 국토 회복 전쟁의 상징처럼 보였습니다. 이에 의기양양한 알폰소 6세 본인은 전 히스파니아의 황제를 자칭하며 본인이 로마 제국의 후계자라고 강조했습니다.

알폰소 6세의 열의에도 불구하고 그는 우리가 훗날 스페인이라고 부르는 곳을 통치하지 않았으며, 이슬람교도들 또한 갑작스레 이베리아 반도 전 지역에서 저항을 받지도 않았습니다. 이들은 여전히 사라고사 왕국뿐만 아니라 이베리아 반도 남부 및 중앙 지역 대다수를 지배했으며, 싸움 없이 이 지역들을 포기하지도 않았습니다.

서고트족 이래 그 어느 때보다 더 많은 기독교인들이 방대한 땅을 이베리아 반도에서 다스리고 있었으며, 이러한 추세는 결코 뒤집어지지 않았습니다. 오늘날 우리가 레콘키스타라고 부르는 전쟁은 수세기 동안 지속되었으며, 기독교인과 이슬람교도 사이에서뿐만 아니라 이베리아 반도 내 여러 기독교 왕국들 사이에도 지속적인 유혈 사태를 동반했습니다.

이 당시 이베리아 반도는 당대 최고로 유명했던 군사 지도자이자 엘시드라는 이름으로 잘 알려진 로드리고 디아스 데 비바르1043-1099의 경우처럼, 개개인이 평생 충성의 대상을 바꾸면서 살 정도로 정세가 불안정했습니다. 엘시드는 카스티야 왕국의 궁정에서 실제로 알폰소 6세와 싸웠으며이 당시에는 알폰소 6세의 형 산초 2세를 섬김 알-안달루스의 이슬람교도들에 대항하는 군대를 이끌기도 하였습니다.

하지만 엘시드는 알모라비드 왕조가 스페인을 건너 카스티야를 공격하자, 결국에는 알폰소 6세를 위해 싸웁니다. 알폰소 6세의 부름에 응한 엘시드는 이후 발렌시아에서 화려한 승리를 여러 차례 거두면서 오랫동안 스페인 서사시의 민족 영웅으로 자리매김하게 됩니다.

알폰소 6세가 히스파니아 전체의 황제를 자칭하고 레콘키스타를 대표하는 인물이 된 후, 엘시드는 사라고사의 이슬람 왕국을 위해 아라곤 왕국과 맞서 싸우기 시작합니다. 이후 그는 발렌시아 공성전에서 전사했는데, 그의 시신은 오늘날의 부르고스 대성당에 묻혀있습니다.

엘시드는 여러 측면에서 11세기 레콘키스타라는 개념의 완벽한 은유입니다. 그의 삶은 그 자체로 당시 이베리아 반도에서 그 무엇도 안정되지 않았다는 사실을 증명하는 것이었습니다. 이슬람 왕국과 기독교 왕국 사이의 경계는 끊임없이 바뀌었으며, 1년 동안 거둔 큰 이익이 다음 해에는 무너져 사라질 수도 있었습니다. 또한 기독교 왕국들 간의 경계선과 동맹 자체도 변화하고 있었습니다. 이들 기독교 형제들은 자신들의 주적인 이슬람교도들과 전쟁을 치른 것만큼 서로 자주 싸웠으며, 왕국들 사이에서도 지속적으로 이름, 경계선, 그리고 충돌의 우선순위기독교 국가 vs 이슬람 국가가 거듭 바뀌게 됩니다.

· 1차 십자군 전쟁 ·

11세기 말, 이슬람교도들과 싸우는 동시에 외국 여행이라는 보너스를 챙기고 싶어 했던 이들에게 좋은 기회가 찾아오는데 그것이 바로 1차 십자군 전쟁이었습니다.

　　1차 십자군 전쟁이 일어난 것은 대략 교황 우르바누스 2세1035-1099가 1095년에 알렉시우스 1세1048-1118가 보낸 비잔티움 제국의 대사를 맞이한 후였습니다. 이때 알렉시우스 1세는 교황에게 비잔티움 제국이 아나톨리아의 영토를 신흥 강자인 셀주크 투르크족에게 크게 잃었다면서 기독교 국가들의 지원을 요청했습니다. 이 같은 요청에 우르바누스 2세는 이를 클레르몽 공의회에 안건으로 올릴 것을 결정하게 됩니다.

'신께서 원하신다!'라는 문구가 교황의 연설에서 나왔었는지 아니면 후에 더해졌는지는 둘째 치고, 이 문구는 당시 사람들에게 폭발적으로 인기가 있었습니다. 왜냐하면 원래 우르바누스 2세가 연설 중 부르짖은 이슬람 세력에 점령당한 비잔티움 제국의 영토인 안티오크와 니케아의 해방이 아닌 성지, 더 정확히는 예루살렘을 연상시켰기 때문입니다. 우르바누스 2세에게 있어서 십자군 전쟁은 같은 기독교인들을 도울 기회를 상징하는 것이었지만, 보편 교회라는 새로운 명칭이 붙은 교회가 얼마나 일사불란하게 움직일 수 있는지를 증명해보일 기회이기도 했습니다.

이후 우르바누스 2세는 흥분한 귀족과 기사 무리들이들 대부분이 프랑스어를 사용했습니다을 모집했으며, 이들은 1096년 8월 15일에 동방으로 떠나게 됩니다.

그 사이 일반 시민들도 은자 피에르1050-1115의 설교를 들은 후 십자군 열풍에 빠져들게 됩니다. 이윽고 이들은 피에르를 따르는 프랑스, 로렌, 플랑드르, 그리고 영국 출신 신자 4만 명으로 이루어진 민중 십자군을 결성하며 1096년 4월 12일 부활절에 쾰른에서 모이기로 합니다.

· 반유대주의 폭력 ·

유럽에는 학살하기 딱 좋은 비기독교인 마을들이 있었기에 민중 십자군은 군이 성지에 도착할 때까지 피 보기를 미룰 필요가 없었습니다. 민중 십자군은 로렌에 있는 유대인들에 대한 공격을 개시하였고, 쾰른에서도 그들을 계속 공격해 나갔습니다. 이들이 마인츠로 이동함에 따라 유대인 공동체는 주교에게 보호를 요청하게 됩니다. 하지만 민중 십자군은 그러거나 말거나 이들을 공격했습니다. 이를 두고 연대기 작가 엑스라샤펠의 알베르트는 다음과 같이 기록했습니다.

마인츠의

주교

엑스라샤펠의 알베르트

수천 명에 달하는 민중 십자군은 유대인 주택의 빗장과 문을 부쉈으며 저항하던 유대인들을 죽였는데 이 때 죽은 이들의 수가 약 700명에 달했습니다. 이들은 남녀노소를 가리지 않고 죽였습니다.⋯ 여성과 연약한 아이들까지 말이죠.

은자 피에르가 모집한 민중 십자군이 콘스탄티노플에 도착했을 때, 이들에게 주어진 보급품은 이미 다 소진되어 있었으므로 대다수가 그의 통제를 벗어나 콘스탄티노플 밖의 식량이 있는 사람이라면 누구든 무차별적으로 공격했습니다. 알렉시우스 1세는 자신의 부름에 응한 이 규율 없는 집단에 질려 보스포루스 해협 너머에 있는 셀주크의 영토로 이 군대를 수송해주었습니다. 그리고 굶주림에 시달리며 규율이라고는 조금도 없던 민중 십자군은 셀주크의 영토에 도착한 후 모두 학살당하게 됩니다.

민중 십자군은 재앙 그 자체였습니다. 이들이 성취한 유일한 업적이라고 해봐야 유대인, 중앙 유럽인, 그리고 비잔티움 공동체들에게 십자군에 대한 피로감을 조성한 것이 전부였습니다. 하지만 이들이 원정의 끝은 아니었습니다. 약 1만~3만 명 사이의 정예병으로 이루어진 십자군이 기사들의 지휘 하에 프랑스와 독일에서 출발하여 동방으로 가고 있었습니다. 이들은 알렉시우스 1세가 자신들을 이끌 것이라 생각했으나, 그는 이들에게 충성서약과 셀주크 투르크족에게서 탈환한 땅은 모두 비잔티움 제국에 돌려줄 것을 약속하라고 요구했습니다.

1097년, 알렉시우스 1세는 비잔티움 제국의 영토였으나 이제는 룸 술탄국의 수도가 된 소아시아의 니케아로 십자군을 이동시킵니다. 그곳에서 십자군은 니케아를 포위해 함락시킨 후, 비잔티움 제국에 돌려주고 동쪽으로 나아갔습니다.

이 시점에서 십자군이 나눠지게 되는데 일부는 보두앵 드 불로뉴1060-1118가 이끌고 아르메니아와 에데사로 향했으며, 채 1년도 되지 않은 시간 안에 에데사를 차지하게 됩니다.

나머지는 안티오크로 진군을 개시해 1097년에 도착합니다. 이후 십자군은 장기간의 포위 공격 끝에 1098년 6월 아르메니아 경비병을 뇌물로 매수한 후, 그가 망을 보던 쪽으로 소수의 병력을 들여보내게 됩니다. 이렇게 성안에 들어온 소수의 십자군이 성문을 열자, 밖에 있던 십자군이 호응해 안티오크로 물밀듯 들어오게 됩니다. 안티오크를 함락한 십자군은 누가 이슬람교도이고 기독교 신자인지를 구별할 수 없었고 이에 닥치는 대로 학살을 하게 되었습니다. 학자들은 이때 죽은 기독교인과 이슬람교도들의 숫자가 모두 합쳐 수천 명에 달했을 것이라고 추정합니다.

· 안티오크 공성전 ·

안티오크 공성전과 그 여파는 그야말로 십자군 전쟁의 요약 그 자체입니다. 원칙적으로 이 기사들은 신을 위해 전쟁을 벌일 준비가 되어 있어야 했으며, 유럽에서 유대인을 학살한 민중 십자군보다 더 잘 준비되어 있어야 했습니다. 하지만 이 기사들은 민중 십자군만큼이나 폭력적이고 무지했습니다. 그들은 여러 문화가 섞인 서로 다른 종교를 믿는 사람들이 있는 곳에 간섭했고, 지중해 동쪽에서 무슨 일이 발생하고 있는지 모른다는 이유만으로 너무 간단하게 사람들을 죽였습니다. 또한, 이들은 민중 십자군과 마찬가지로 굶주림에 시달렸음은 물론 군마가 부족했으며, 전염병 창궐로 인한 고통까지 겪고 있었습니다.

이 모든 악조건에도 불구하고, 이들은 예루살렘으로 진군했습니다. 신께서 그들이 자행하는 무차별적인 학살을 어여쁘게 여겨 자신들에게 부족한 물자를 내려주실 것이라는 믿음을 갖고.

안티오크

· 예루살렘 공성전 ·

당시 예루살렘은 이제 막 셀주크 왕조에서 파티마 왕조로 주인이 바뀌어 있었습니다. 그런데 파티마 왕조는 근거지가 이집트에 있었기 때문에, 십자군의 공격에 즉각적인 대응을 할 수 없었습니다. 이는 제노바 선박들의 지원을 받고 있던 십자군에는 좋은 일이었습니다. 이때 온 제노바 출신 기술자들은 예루살렘에 도착하자 자신들의 선박을 해체하여 나온 목재로 공성구를 만든 다음 성의 북쪽 벽을 파괴하였으며, 십자군은 성으로 들어가 또 다시 학살을 시작했습니다.

예루살렘 함락 이후, 잘린 머리와 손, 발을 거리에서 무더기로 볼 수 있었는데,
그 정도가 너무 심해 길을 지나가려면 사람과 말의 몸을 피해 걸어야 했습니다.
솔로몬의 성전과 행각에는 사람들의 무릎까지 피가 가득 찼습니다.

레몽 다길리에

성묘교회

룰루랄라!

찌익

학살

· 정복 이후의 십자군 국가들 ·

이 지독한 학살 이후 서방 기독교인들은 부용의 고드프루아1060-1100를 예루살렘의 프린켑스성묘의 수호자라는 칭호로도 불림로 선출합니다. 그후 고드프루아는 1100년에 죽기 전까지 이웃한 지역으로 영토를 확장했고, 12세기 초에 이르러 십자군은 성지의 상당 부분을 차지하게 됩니다. 그중 일부는 영웅으로 칭송받은 채로 고향으로 돌아가게 되었지만, 나머지는 알렉시우스 1세의 항의에도 불구하고 그대로 그곳에 머물렀습니다. 이 지역들을 우리는 오늘날 십자군 국가, 또는 레반트나 우트르메르라고 부릅니다. 프랑스어로 해외를 의미하니 누가 권력을 잡았는지 잘 알 수 있죠.

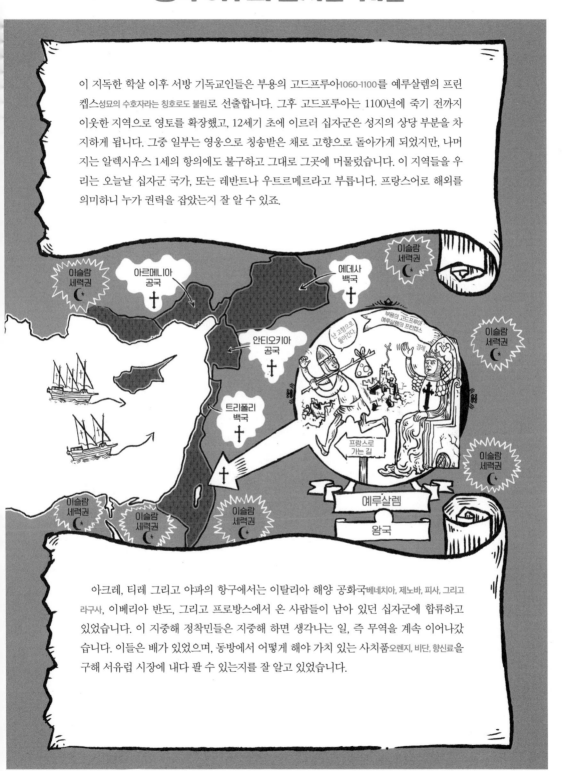

아크레, 티레 그리고 야파의 항구에서는 이탈리아 해양 공화국베네치아, 제노바, 피사, 그리고 라구사, 이베리아 반도, 그리고 프로방스에서 온 사람들이 남아 있던 십자군에 합류하고 있었습니다. 이 지중해 정착민들은 지중해 하면 생각나는 일, 즉 무역을 계속 이어나갔습니다. 이들은 배가 있었으며, 동방에서 어떻게 해야 가치 있는 사치품오렌지, 비단, 향신료을 구해 서유럽 시장에 내다 팔 수 있는지를 잘 알고 있었습니다.

· 대학의 탄생 ·

다시 바다 건너편 기독교인들은 신께서 바라신 일이 성사되었다는 점, 그들이 언젠가는 기독교에서 가장 성스러운 도시를 방문할 수 있을지도 모른다는 점, 그리고 이제 가끔씩 계피를 먹을 수 있게 되었다는 점에 행복해했습니다. 또한, 사치품과 함께 동양에서 유입되기 시작한 책들은 새로운 집단, 즉 대학 학자들에게 특히 큰 호응을 얻었습니다. 수도원과 대성당의 학교에서 파생된 최초의 대학은 1088년 볼로냐에 설립되었고, 그 다음으로 파리 대학교, 옥스퍼드 대학교 등이 뒤이어 설립되었습니다. 학생들은 여전히 3학 4과를 공부했지만 이제는 학위가 주어졌습니다. 3학을 공부하는 이들에게는 학사 학위를, 4과까지 공부한 경우에는 예술 석사 학위를 주었습니다. 여기서 더 배우고자 하는 사람들은 박사똑같이 오늘날의 박사를 의미가 되기 위해 신학과 철학을 공부했습니다.

대학 태동기에는 지금처럼 물리적인 캠퍼스가 없었습니다. 당시의 대학은 공간이 아닌 지식을 공유하기 위해 뭉친 사람들이라는 뜻으로 정의되었습니다. 이러한 대학들은 다양한 방식으로 생겨났습니다. 예를 들어, 볼로냐 대학교는 학생들이 그들을 지도할 교사를 고용하기 위해 만들어졌고, 파리 대학교는 교회에서 교사들에게 급여를 주었으며, 학생들은 그 교사들에게 가르침을 받았습니다. 한편, 옥스퍼드 대학교는 왕실의 지원으로 생겨났습니다.

또한 이 당시 대학생들은 엄밀히 따지면 성직자였다는 점에서 오늘날의 대학생들과는 달랐습니다. 이는 성직자가 되는 데 필요한 종교 서약을 할 수 없었던 여성들이 정식 교육에서 제외되었다는 것을 의미하죠.

학생들이 성직자였던 이유는 국가에서 이들을 교회의 보호 아래 두기 위해서였습니다. 덕분에 이 당시 대학생들은 도시 법원이 아닌 교회 재판소에서 재판을 받았습니다. 이는 오늘날의 대학생들과 마찬가지로 난폭하게 행동하기 좋아하던 중세 대학생들이 도시의 법을 어기고도 손목 한 대만 맞으면 빠져나갈 수 있게 해주었기에 중요했습니다.

프랑스의 스콜라 철학자이자 신학자였던 피에르 아벨라르1079-1142의 일화에서 알 수 있듯 논변에 뛰어난 기술은 대학에게도 유용했습니다. 그는 토론식 교수법에 뛰어났으며 경쟁하던 교사의 학교에 가서 그들이 어떻게 틀렸는지 소리를 지르는 것으로 자신의 이름을 알렸습니다. 사람들은 이를 좋아했으며 학생들은 그와 그의 학교에 모여들기 시작했죠.

당시 파리 대성당의 참사 회원이었던 풀베르는 이 같은 아벨라르의 명성을 보고 그를 자신이 아끼던 젊고 재기 있는 조카딸 엘로이즈1090/1101-1164의 가정교사로 삼았습니다. 그리고 아벨라르는 얼마 지나지 않아 그녀와 교제하기 시작했죠.

엘로이즈는 임신했고 분노한 풀베르는 아벨라르를 거세하기에 이릅니다. 아벨라르 본인의 말에 따르면, 파리 전체가 이 비극에 대해 슬퍼했다고 합니다.

이 이야기가 흥미로운 것은 단지 아벨라르의 호들갑 때문이 아니라, 중세 사람들이 얼마나 철학과 신학에 많은 관심을 가지고 있었는지를 보여주기 때문입니다. 사실상 중세 철학자들은 오늘날 우리 사회에서 사람들이 천체 물리학자나 우주론자를 대하는 것과 같은 대접을 받았습니다. 대중의 반응도 아벨라르 정도라면 중세의 닐 디그래스 타이슨 또는 스티븐 호킹이나 다름없었고요. 이토록 아벨라르 같은 철학자들이 존경받고 기념되는 것은, 이들이 적극적으로 신학과 사람들이 사는 세상에 대한 해석과 설명을 해주었기 때문이었습니다.

대학들은 집중적인 철학적 탐구 기간을 개선했으며, 더 많은 동양 서적을 보길 원하던 기독교계 전역의 뛰어난 인재들을 불러 모았습니다. 철학자들은 그 어느 때보다 광범위하게 아리스토텔레스와 플라톤의 저서, 그리고 그리스 및 이슬람교에서 펴낸 자연과학 서적들에 접근할 수 있었습니다. 그리스 의사 갈레노스210년 사망의 고전 작품이 유통되었고 천문학, 연금술, 지질학, 의학, 신학에 대한 글을 쓰고 시를 작곡한 페르시아의 박식가 아비센나980-1037 같은 동양 학자의 중세 작품도 유통되었습니다.

살레르노의 학자인 로제리우스1140-1195는 유명한 수술 매뉴얼《명의 로제리우스의 수술》을 저술했습니다. 한편 코르도바에서 철학자, 법학자, 의사이자 아베로에스라는 이름으로도 알려져 있는 이븐 루시드1126~1198는 아리스토텔레스와 갈레노스의 저서에 대한 주석을 썼는데, 그가 저술한《의학 정전알 카눈 알 팁》은 의학 교과서의 표준이 되었습니다. 한편 독일 땅에서는 수도원장, 작곡가, 신비주의자, 철학자이자 독일의 자연사 및 과학사의 창시자인 엄청난 박식가 힐데가르트 폰 빙엔1098-1179이 자신을 성녀로 만들어줄 방대한 작품들의 집필에 몰두하고 있었습니다.

· 4가지 체액설 ·

중세 의사들이 이렇게 많았다는 것이 이상하다고 생각된다면-중세 사람들이 4가지 체액설 같은 말도 안 되는 미신 따위를 믿었다는 걸 감안하면-중세 의학이 고전 의학보다 더 발전한 형태라는 사실에 놀라시겠네요. 그리고 4가지 체액설의 개념은 오래된 의학 이론입니다. 최초로 4가지 체액설을 생각해낸 사람은 갈레노스였는데, 꽤 복잡한 이론이랍니다. 4가지 체액설을 간단히 말하면, 우리 몸에는 혈액, 점액, 흑담액, 황담액 등의 4가지 체액이 흐르고 있는데, 이는 4원소에 상응하며 열기, 건기, 습기, 냉기 등 다양한 조합으로 분류될 수 있다고 말합니다. 그리고 이 4가지 체액들의 균형이 흐트러지면 질병이 생긴다고 생각합니다. 사람들의 기질은 자신의 4가지 체액의 균형을 기준으로 삼아 판단되었기에, 낙천적이거나, 불같거나, 우울하거나, 또는 냉정하거나의 4가지 중 하나였습니다. 또한 성별과도 연관이 있다고 믿어졌기에 남성은 뜨겁고 건조하며, 여성은 차갑고 습하다는 식으로 보았습니다.

이 사실이 우리에게 알려주는 것은 동시대의 여타 신학, 철학 등 사상이 그러했듯 고전 작품의 권위를 차용해 이를 확장시키는 것이 중세 의학 이론의 전부였다는 것입니다! 고전에 대한 지식은 중세시대 동안 소실되지 않았습니다. 오히려 중세 학문의 기반이 되었죠.

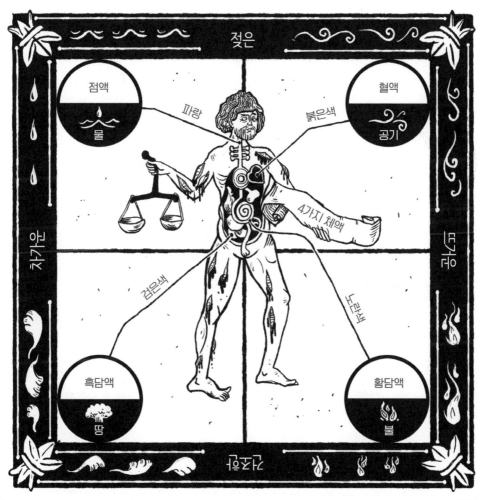

· 12세기 르네상스 ·

이 시기 고전 연구에 있어서 또 다른 중요한 분야가 있었는데요. 바로 법률입니다. 가장 먼저 볼로냐 대학의 법학자들이 자신들의 법전에 좀 더 구체적인 형식을 더하기 위해 로마법을 파헤치고 있었습니다. 중세 초기 사람들이 로마와의 관계성을 권위와 동일시했듯, 12세기 학자들 또한 로마의 법적 선례들을 참고함으로써 법을 더 논리적이고 옹호받을 수 있게 만들어야 한다고 생각했습니다.

볼로냐는 법률 연구에 있어서 둘째가라면 서러운 곳이 되었고, 파리는 슈퍼스타의 반열에 오르기를 희망하는 이들과 철학에 전념할 사람들을 계속 받아들였죠. 그리고 의사가 되기를 원한 사람들은 살레르노로 향했습니다. 역사가들은 이 모든 지적 발전과 그 발전에 일생을 바친 저명인사힐데가르트, 아벨라르, 로제리우스, 아베로에스들의 시대를 12세기 르네상스'세 번째' 르네상스라고 부릅니다. 하지만 르네상스라는 단어를 사용하는 것은 비단 이들 때문만이 아닌 이 시기 서유럽에 너무나 많은 새로운 서적들이 유입된 것, 그리고 학자들이 여러 분야에 대해 몰랐던 지식을 확장시켜 나갔기 때문이기도 했습니다.

· 고딕 건축 ·

12세기 르네상스가 후기 및 초기 르네상스와 다른 흥미로운 점은 새로운 발전이 건축 환경에도 스며들면서 일어났다는 것입니다. 그들은 건축의 거대한 변화와 완전히 새로운 건축 양식인 고딕의 출현을 이끌어냈습니다.

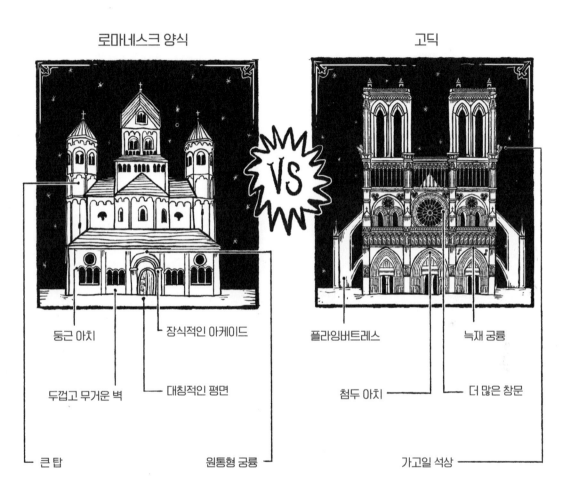

로마네스크 양식 | 고딕

둥근 아치 · 장식적인 아케이드 · 플라잉버트레스 · 늑재 궁륭 · 두껍고 무거운 벽 · 대칭적인 평면 · 첨두 아치 · 더 많은 창문 · 큰 탑 · 원통형 궁륭 · 가고일 석상

이것은 둥근 아치, 매우 무거운 벽, 천장의 배럴 볼트, 대형 타워, 장식용 아치 및 규칙적인 대칭 계획이 특징으로 초기 중세시대를 지배했던 '로마네스크' 건축에서부터 의도적으로 변화된 것입니다.

이에 비해 고딕 건축은 십자군 전쟁 동안 사람들이 본 이슬람 건축 양식에서 힌트를 얻어 뾰족한 아치, 늑골이 있는 아치, 플라잉 버트레스를 특징으로 합니다. 또한 가고일이 있습니다.

· 교회와 교회법 ·

12세기 르네상스는 당시의 정치적·종교적 색채에 큰 영향을 미친 부산물을 만들게 됩니다. 바로 논쟁하는 법에 대해 교육받은 대학 졸업생들이었죠. 이들은 식자층이었으며, 자신들의 의견을 꿋꿋이 밀고 나갈 준비가 되어 있으면서 일자리를 찾고 있었죠. 그리고 그들은 중세시대에서 가장 두드러진 특징 중 하나인 법적 기관으로서의 교회를 만드는 것에 기여했습니다. 이윽고, 교회 고위층이 갑자기 잘 교육받은 법률가들로 채워지게 됩니다.

이 같은 현상은 아마도 교황 인노켄티우스 3세1160/1161-1216가 가장 유명한 사례일 것입니다. 법률과 신학에 조예가 있던 본인의 능력을 살려 교황권을 확장시키고자 했거든요. 1215년, 그는 제4차 라테란 공의회를 소집했는데, 교회의 법체계인 교회법의 확장에 전념한 모임이었습니다.

102

인노켄티우스 3세가 재정한 새로운 법률의 주요 내용으로는 하나, 세속의 통치자는 교회가 이단이라 선언한 이를 추방할 책임이 있고 둘, 로마의 주교는 교황이자 동방 정교의 총주교보다 높은 위치이며 셋, 기독교 국가에 있는 이슬람교도 및 유대인은 기독교인과 구별할 수 있도록 특별한 옷을 입어야 하는 동시에 유대인은 공직에 종사할 수 없고 넷, 교황의 허가 없이는 그 어떤 수도승이나 수녀도 새로이 생길 수 없다는 조항 등이 들어 있었습니다.

이는 여태껏 전례가 없던 일이었습니다. 지금까지는 이토록 교회가 그리스도교 국가 내 삶의 세세한 것에 대해서까지 이렇게 많은 발언권을 가진 경우가 없었고, 예배 방법에 대한 유일한 결정권자도 아니었습니다. 교회는 이제 영적인 집단인 동시에 법적 단체였습니다.

인노켄티우스 3세는 신성 로마 제국 황제의 직위에 대해서도 할 말이 있었는데, 정확하게는 제국이 교황으로부터 비롯되었으며 그 권위는 교황권을 통해 획득된 것이라 주장했습니다. 이로 인해 차기 황제의 선출이 7명의 선제후마인츠, 쾰른, 트리어의 대주교들, 보헤미아 왕, 라인 궁정백, 작센 공작, 브란덴부르크 변경백에 의해 정해지는 새로운 시대의 서막이 오르게 됩니다.

황제 선거권을 가진 일곱 명의 남자 영주들 모두가 후보자에게 동의했을 때, 비로소 그가 황제로 선출됩니다. 그런 다음 교황은 후보자에 대해 숙고한 후, 그가 기독교 국가의 수호자로서 적합함에 동의하고 그에게 황제의 왕관을 씌우거나, 반대로 선제후들에게 재선출하라고 말합니다. 설사 후보자가 운이 좋게도 선출되어 신성 로마 제국 황제로 즉위하더라도, 그는 본질적으로 교황의 기쁨을 위해 봉사하는 것이나 다름없었습니다. 이는 독일의 공작들이 뽑은 이가 교황으로 선출되는 뻔한 결과를 맺던 이전 체계와는 정반대였습니다.

· 또 다시 일어나는 십자군 ·

이제 인노켄티우스 3세와 그 이후의 교황들은 군주들에게 자신들이 원하는 것을 하도록 당분간은 강요할 수 있었습니다. 그리고 그들이 원했던 것은 이들의 군대로 십자군 전쟁을 일으키는 것이었죠.

13세기에 접어들면서 인노켄티우스 3세는 4차례에 이르는 십자군을 제창했습니다. 중동을 지배하는 노르만족 전체가 제 역할을 하지 않았기 때문입니다. 어떤 민족을 억압하고 아무런 군사적 지원 없이 스스로 폭군이 되어 이들 위에 군림하면, 해당 주민들은 이를 부정적으로 여기고 계속 저항하게 되네요. 이상하죠?

제2차 십자군은 건국된 지 50년이 지나 셀주크 투르크의 공격을 받던 에데사 백국을 지원하기 위해서 1147년부터 1149년까지 지속되었습니다. 실패했지만요. 이후 세 번째 십자군은 예루살렘에서 기독교인들을 쫓아낸 살라흐 앗 딘 유수프라는 이름으로도 불리는 살라딘 때문에 1189년부터 1192년까지 지속됩니다만, 이 또한 실패하게 됩니다.

네 번째 십자군은 교황 인노켄티우스 3세가 서유럽인들이 예루살렘을 탈환하고 통치할 뿐만 아니라, 살라딘이 세운 아이유브 왕조를 무너뜨리기를 바랐기 때문에 일어났습니다. 성전에 대해 흥분한 인노켄티우스 3세와는 달리, 모든 신성 로마 제국의 황제 후보들은 권력을 휘두르는 그의 행태에 분개하였기에 십자군 참여를 거부했습니다. 그래서 4차 십자군은 이들 대신 프랑스와 이탈리아에서 온 엉터리 자원자들로 조직됩니다.

이렇게 일어난 4차 십자군은 콘스탄티노플도 지나지 못한 채 오히려 이곳을 대신 공격하기로 결정합니다. 인노켄티우스 3세는 여기에 참여한 이들을 파문했으며, 콘스탄티노플을 동방 정교회의 총대주교가 아닌 자신의 영향력 아래에 두기 위해 음모를 꾸미지만, 실패했고 모든 게 흐지부지됩니다.

이처럼 교황 인노켄티우스 3세의 모든 도박수들이 성공적이지는 않았습니다. 그리고 교회를 하나로 통합하고자 한 그의 노력 또한 때때로 저항과 맞닥뜨리었습니다.

인노켄티우스 3세는 새롭게 탄생한 수도회인 프란체스코회의 조직을 인준함으로써 이에 대응했습니다. 프란체스코회의 창립자는 조반니 디 피에트로 디 베르나르도네라는 속명을 지닌 아시시의 프란체스코라는 한 이탈리아 소년이었는데, 저에게나 여러분에게나 성 프란체스코란 이름이 더 친숙한 성인입니다. 당대인의 말에 따르면, 부유한 가정에서 태어난 성 프란체스코는 매우 섹시하며 사치품에 관심이 많은 어느 정도 한량 기질이 있는 사람에 불과했습니다. 그러다가 신의 계시를 받아 신의 가르침을 전하면서 가난한 삶을 살기로 결심하게 됩니다. 그는 느리지만 확실하게 여러 사람의 마음을 사로잡았으며, 이들과 함께 사도적 청빈이라 불리는 생활을 하며 전도를 했습니다.

여러분도 이미 짐작하셨겠지만, 사도적 청빈은 예수님을 따르기 위해 모든 것을 버린 사도들을 모방하고자한 시도였습니다. 사람들은 이 같은 생각을 좋아했는데 이를 그리스도의 기본적인 가르침으로의 회귀로 여겼기 때문입니다.

프란체스코와 그의 추종자들이 프란체스코회를 계속 유지하는 것을 허락받은 것은 인노켄티우스 3세 본인이 그랬던 것처럼, 프란체스코가 무너지는 로마의 성 베드로 대성당교황 직속의 대성당을 지탱해줄 것이라는 꿈을꾼 이후였습니다. 이윽고 프란체스코는 성 베네딕트가 그랬듯 규칙을 세우게 되었고 프란체스코회는 공식적으로 우리가 잘 아는 탁발 수도회가 됩니다. 이 탁발 수도사들은 구걸하며 삶을 유지하기 위해 다른 이들의 도움에 기대야 했죠. 이는 수도원 생활에 있어 여태껏 없던 유형이었는데요. 탁발 수도사들은 세상의 한 부분이되지 않으면 말 그대로 배를 곯는다는 점에서 그러했습니다.

　탁발 수도회는 다른 수도회와 완전히 다른 곳에서 활동했는데, 이는 본인들을 지원하기에 충분한 수의 지지자들을 확보해야 했기 때문입니다. 이는 도시에서의 활동을 의미했는데, 산에 위치한 수도원에서 세상과 스스로를 절연한 베네딕트 시대의 수도승들과는 매우 대조적이었습니다.

　프란체스코 수도회는 생활이라는 측면에서 볼 때 실용성이 베네딕트 수도회와는 달랐습니다. 하지만 교회는 베네딕트회 수사를 가리켜 수도사가 되는 올바른 방법이 있다고 말했으며 프란체스코회를 가리켜서는 종교적 청빈을 하는 올바른 방법이 있다고 했습니다. 즉 프란체스코회는 교회가 개혁을 하고 있다는 일종의 홍보였습니다. 이들을 통해 교회는 자신들이 개혁 요구에 예민하게 반응하고 있음을 보여줄 수 있었으며, 동시에 대다수의 성직자는 이미 익숙해진 안락한 생활을 계속 누릴 수 있었습니다.

　교회가 앞으로 어떻게 해야 세속의 주요 권위자가 되는 동시에 기독교의 교리를 유지하는 데 전념하는 조직이 될 수 있을지 고심하고 노력하는 동안, 새로운 신성 로마 제국 황제 프리드리히 2세1194-1250는 이런 교회를 매우 밀접하게 연구하고 있었습니다. 당대에 쓰인 연대기들에서 '세계의 경이'로 언급된 프리드리히 2세는 그 어떤 사람보다 오늘날 우리가 '다문화주의'라고 부르는 것에 대한 신봉자였으며 미식가, 학자, 예술 후원자, 그리고 호색한이기도 했습니다. 그는 금으로 수를 놓은 진홍색 예복을 입은 채 왕위에 등극했는데, 이 자수로는 아랍어 비문을 나타냈다고 합니다. 그의 근위병들은 모두 이슬람교도였고 이 때문에 교황이 이들을 파문할 수 없었으며, 근위병들은 프리드리히 2세에게 계속 충성했습니다. 또한 프리드리히 2세에게는 '자신만의 하렘을 가지고 있으며 호화롭게 목욕했다'는 소문이 돌았습니다. 팔레르모에 있는 그의 궁정에는 다양한 언어가 들렸으며, 기독교인들만큼 흔한 무슬림과 유대교 신자들이 있었습니다. 요컨대 프리드리히 2세는 자기가 원하는 대로 인생을 살았습니다.

프리드리히 2세는 반복적으로 파문을 당했는데, 이는 자신의 땅을 빼앗을 기회를 호시탐탐 노리던 독일의 군주들과 전쟁을 치러야 한다는 것을 의미했습니다. 이 같은 군사적 긴장감은 유럽에 황금 군단이 도착하면서 정점에 이르렀습니다. 바투 칸1207-1255은 위대한 칸인 칭기즈 칸1162-1227이 직접 임명한 칸이었으며, 영토를 서쪽으로 확장하는 임무를 맡았습니다. 칸국을 세운 그의 군단 대부분은 몽골인 및 투르크인으로 구성되어 있었는데, 이들은 오늘날의 러시아와 그루지아를 휩쓸었습니다. 그리고 대다수의 칸국이 그러했듯이, 이들 또한 같은 것을 바라고 있었습니다. 바로 공물이죠. 이들은 자신들이 갔을 때 상대편 도시가 돈을 지불하고 자신들의 무역로 가운데 일부분이 되는 데 동의하면 별다른 일을 벌이지 않았습니다. 하지만 그렇지 않은 경우에는 도시를 약탈했으며, 최대한 많은 사람들을 죽이고 대개 도시를 재가 되도록 불태우곤 했습니다.

1241년에 이르러 황금 군단은 폴란드와 헝가리 왕국을 침범하기 시작했습니다. 이는 프리드리히 2세에게 엄청난 기회였죠. 결국 바투 칸은 프리드리히 2세의 존재를 알아내고 그에게 다음과 같은 편지를 보냈습니다.

프리드리히 2세는 바투 칸에게 보내는 답장에 적기를 본인이 뛰어난 매사냥꾼이라며 바투 칸의 수행원으로 데리고 있어주기를 권했는데, 그 이유로 자신이 새에 대해서 잘 알고 있음을 들었습니다. 교황은 이에 분노했습니다. 교황 그레고리우스 9세1145-1241가 아는 한 황제는 적으로부터 기독교 국가를 수호하기 위해 존재하는데, 프리드리히 2세는 기독교 국가들이 위기에 처했음에도 불구하고 아무것도 하지 않았죠. 반면에 프리드리히 2세는 왜 자신이 그레고리우스 9세가 분노해 그를 파문할 때마다 자신의 땅을 갉아먹던 헝가리인들을 지키기 위해 달려 나가야 하는지 이해하지 못했습니다.

결국 문제는 몽골 제국 본국의 오고타이 칸1185~1241이 죽으면서 저절로 해결되었습니다. 이 일로 인해 바투 칸이 몽골의 족장 회의인 쿠릴타이에 참석하기 위해 몽골의 수도 카라코룸으로 돌아가야 했기 때문이죠. 이 때문에 바투 칸이 우랄산맥 내의 권력을 강화하는 데 집중하면서 추가적인 유럽 침공을 멈추게 되었고, 덕분에 기독교 국가들은 안도의 한숨을 내쉴 수 있었습니다. 하지만 강력한 몽골족에 대해 내재된 두려움은 중세 시대 내내 걸쳐 지속적으로 유럽인들을 괴롭히게 됩니다.

상황이 험난했던 만큼, 이는 신성 로마 제국 황제들에게 있어 신의 선물이나 다름없었습니다. 이들의 역할은 더 이상 이론적인 것만이 아니었습니다. 이제 이들은 기독교 세계를 위협하는 무엇인가를 무찌르기 위해, 혹은 교황의 명령에 따라 외부로 향하는 십자군을 이끌기 위해 있어야 하는 존재가 아니었습니다. 황제는 몽골의 군단이 다른 이들의 집 앞에 들이닥칠 때 교회 대신 싸워야 하는 존재가 되었습니다.

· 궁정 연애 그리고 음유 시인 ·

비록 황제가 교회의 말에 가장 노골적으로 따르지 않던 사람이었지만, 교회에 대해 신경 쓰지 않던 이들 중에는 중세 중기의 부유한 사람들도 보통 포함되었습니다. 교황이 옳다 그르다 하는지를 신경 쓰지 않는 것은 그 당시의 가장 유명한 문학 및 문화적 움직임인 기사도적 사랑에 내재된 특징이기도 했습니다.

유럽

실제로는 훨씬 더 이상했습니다. 궁정 연애라는 연애관은 11세기의 아키텐, 프로방스, 부르고뉴, 샹파뉴, 시칠리아, 그리고 노르망디에서 처음 나타났는데, 이 지역의 궁정 내 구성원들이 결혼하면서 유럽 전역으로 퍼져나갔습니다. 많은 왕족과 귀족들은 사랑이 아닌 정치적인 이유로 결혼했고, 궁정에서 단체로 시간을 보냈죠. 이 때문에 궁정 연애는 서로 호감을 가지고 있는 궁정 내 부유한 자들이 서로 즐기는 하나의 방법이 되었습니다.

당시의 교회 및 사회적 풍토에서는 결혼 여부에 관계없이 신분의 차이가 있는 사람들이 서로를 연모하는 것을 매우 외설적인 것이라고 여겼습니다. 그래서 합법적으로 이어지거나, 관계를 가질 수 없다는 법적 규제를 피해 서로에게 시와 노래로 본인이 얼마나 상대방과의 관계를 열망하는지를 절절하게 표현했습니다. 이게 궁정 연애랍니다. 더 구체적으로 말하자면, 궁정 연애는 거의 대다수가 기혼여성을 몹시 좋아하는 미혼남성에 대한 내용이었습니다.

궁정 연애에 연관된 이들 모두가 차고 넘치는 시간을 궁정 주변에서 보냈다는 점, 그리고 중세 사람들이 규칙을 중요시했다는 점 때문에 결국에는 비극이 예정된 연인들이 어떻게 연애를 해야 하는지에 대한 행동 강령이 나오게 됩니다. 이 행동 강령은 순결을 맹세하기로 한 사람이자 연애 조언에 특히 적합하다고 여겨진 안드레아스 카펠라누스 목사가 썼습니다. 안드레아스는 상사병에 시달리던 자신의 친구에게 편지를 쓰면서, 연애에 관한 자신의 생각을 모두 적어서 보냈습니다.

그 결과물이 바로 〈연애론〉입니다. 연애론은 사랑이란 무엇인지, 어떻게 사랑해야 하는지에 대한 법칙을 아키텐의 엘레오노르와 그녀의 시녀들에 대한 실제 법적 사례와 판결을 가지고 설명하고 있죠. 거의 중세시대 작업의 달인들의 매뉴얼이나 다름없었습니다.

> 1. 결혼만이 사랑의 해법은 아니다.
> 2. 질투하는 이는 타인을 사랑하지 못한다.
> 3. 그 누구도 두 사람을 동시에 사랑해줄 수는 없다.
> 4. 사랑은 늘 커지거나 작아진다.
> 5. 사랑하는 자가 사랑받는 이의 의지에 반하는 것은 좋지 않다.

이 '법칙'은 관계를 맺고 있던 이들의 사회적 지위에 따라 크게 달랐습니다. 카펠라누스는 오직 부유한 이들만이 진실한 사랑을 할 수 있다 여겼으며, 평민과 가난한 이들은 사랑을 이해하지 못하고 단순히 짐승처럼 관계를 가질 뿐이라고 생각했습니다. 한 술 더 떠서, 그는 부유한 이들이 평민 여성들을 매력적으로 느끼면 이들을 강제로 범할 수 있다고 옹호했습니다.

일부 역사가들은 연애론을 풍자, 즉 궁정 내에 넘쳐나던 양식화된 연애 소설 사이에서 주위를 끌기 위한 작품이라고 보았습니다. 처음에는 그렇게 받아들였을지도 모르지만, 카펠라누스가 적은 궁정 사랑의 법칙은 결국에는 일종의 구기 게임의 규칙마냥 모방되었으며, 중세시대 내내 계속 쓰였습니다. 그 진실성은 조금만 남긴 채로 말이죠. 이 같은 수사법은 13세기의 베스트셀러라 할 수 있는 《장미 이야기》부터 아서 왕 전설, 그리고 트리스탄과 이졸데에 이르기까지 거의 대부분의 궁정 연애 문학에서 찾을 수 있습니다.

이상하게 보일지 모르지만, 이러한 생각은 오늘날 우리가 가지고 있는 사랑에 대한 관념에 아직까지도 영향을 주고 있습니다. 사랑의 고통, 애정 없는 연인관계, 그리고 주인공들의 진실한 사랑을 막는 것 등은 아직까지도 대다수 로맨스 코미디의 주요 플롯 포인트이며, 일회용 약혼자의 경우 정형화된 수사법이라고 할 정도입니다.

비슷하게 누군가로부터 충실한 사랑을 받는다는 것은 오늘날 '연인관계가 되고 싶은 친구 사이' 개념의 근간이 됩니다.

다른 사람들

파트 6 : 중세시대의 다른 사람들

· 여성 ·

오늘날 우리가 생각하는 연애와 중세시대의 연애 사이의 유일한 차이점은 우리는 결혼을 얽히고설킨 연애관계에 있어 장애물이 아닌 논리적인 해결 방안으로 여긴다는 점입니다.

궁정 연애 문학은 중세시대에 힘과 영향력이 있는 여성들이 실제로 어떻게 살았는지를 엿볼 수 있게 해줍니다. 역사는 대개의 경우 강력하고 영향력 있는 사람들에게만 초점을 맞추기에, 그리 힘이 많지 않거나 영향력이 없던 여성에 대해서는 많이 알려진 바가 없습니다.

오늘날에도 그런 것처럼 중세시대에도 이성을 좋아하는 기독교 남성들이 인류의 표본으로 여겨졌고 이는 신학적·철학적 태도에서 그 뿌리를 찾을 수 있습니다.

일반적으로 여성은 남성의 부정적인 부분들을 더 두드러지게 만든다는 비난을 받았습니다. 이는 4가지 체액설의 관점에서 남성은 뜨겁고 건조하며, 여성은 차갑고 습하다는 것을 의미했습니다. 남성은 합리적이고 금욕적인 존재이지만, 여성은 비이성적이었고 감정에 지배당하는 존재였죠. 또한 남성은 자신의 육신을 제어할 수 있었으며 신께 오롯이 집중할 수 있었습니다. 반면 여성은 본질적으로 성적인 일에 열광하기에 엄격하게 통제되어야 한다고 보았죠.

대부분의 여성이 교회 내 높은 위치 또는 고위 공직에 오를 수 없던 것은 이 때문이었습니다. 왕족이나 귀족인 경우에는 태어난 환경 때문에 어느 정도 예외를 적용했으며, 남편이 죽으면 상당한 권력을 휘두를 수 있었습니다. 하지만 그렇다고 해서 그것이 평범한 여성들이 완전하게 사회의 일원이었다는 것을 의미하는 것은 아닙니다.

농사

사업 경영

숙련직

대부분의 여성은 가족 내 남자들이 종사하던 직업에 동참했습니다. 농가의 여성은 들판에서 일했으며, 여성 경영자는 장부 기재를 했고 장사 또한 도왔습니다. 귀족 여성은 저택 내 직원과 재정을 관리했죠. 여기에 별도로 여성들은 아이의 육아 및 교육도 요구받았죠. 수녀들의 경우에는 지역 병원의 운영을 담당했으며 필경사의 일 또한 겸임했습니다. 요컨대, 중세시대 남성이 하는 대부분의 일을 여성도 했지만, 이러한 사회적 기대에 충실히 따르는 여성은 역사의 배경 뒤로 사라져 버렸기 때문에 우리가 이들의 존재를 무시하기에 이른 것입니다. 그렇기 때문에 역사에서조차 중세시대 여성에 대해 그리 많은 정보를 얻지 못하는 것입니다. 우리가 중세시대 여성들에게 초점을 맞추는 경우 또한 법을 어긴 이들에 대한 내용이 대다수인데, 그 이유는 이들에 대해서는 실제로 그 내용이 사료에 기술되어 있기 때문입니다.

역사가들 또한 중세 남성들이 그러했기 때문에 중세 여성들에 대해서는 그냥 무시하고 넘어갔습니다. 여성들이 쓴 글, 여성에 관한 글은 덜 유통되었기 때문에 지금은 극히 적은 양만이 남아 있습니다. 작가 크리스틴 드 피잔은 그녀 자신이 남성 동료들에게 존중을 해주기를 애원해야 했던 일에 대해 한탄하기도 했죠. 여기에 더 문제가 되는 것은 수많은 중세시대 글의 저자들이 익명이었다는 것입니다. 이 때문에 역사가들은 이 글들을 남자들이 거의 썼다고 추정합니다. 이는 부분적으로는 우리가 남자들이 쓴 글들이 살아남는다는 것을 알고 있기 때문에 그런 것도 있습니다만, 어느 정도는 성차별주의자이기 때문이기도 합니다.

애초에 글을 왜 쓰는 것입니까?
여자가 무슨 할 말이 있다고?

하하하하 멍청하군

칙칫

크리스틴 드 피잔

여성의 본성은 사변 과학을 배우고 이를 발견하는 데 능할 만큼 영리하고 재빠르며 그만큼 수공예에도 능숙하다는 걸 제가 말해야 합니까?

· 성매매 종사자 ·

나의 토미에게

인간사에서 매춘부들이 없어지면 사람들의 욕정으로 말미암아 모든 게 부서질 것입니다.

히포의 성 어거스틴

만약 중세에 여러분이 결혼하기를 원치 않거나 남편의 일을 돕는 가난한 여성이라면 선택지가 그리 많지 않았습니다. 부유한 집안에 들어가 허드렛일을 하거나, 이도 원하지 않는 경우에는 수요가 많던 매춘에 종사하는 길밖에 없었죠.

종교적인 사회였음에도 불구하고 매춘부들이 필요한 데에는 종교적인 이유가 있었습니다. 중세시대 신학자들은 성욕을 '인간의 마음을 중독시킬 수 있는 불안한 요소'로 여겼으며, 이 욕구가 해소되지 않으면 폭력으로 이어진다고 보았습니다.

도시 안에서 자행되는 매춘은 궁궐의 오물 구덩이와 같습니다. 오물 구덩이가 없으면 궁궐이 더러워지고 악취가 나듯 매춘의 부재는 도시를 어지럽힐 것입니다.

나의 어기에게

성 토마스 아퀴나스

사창가: 1235년부터 죄를 짓지 않게 도움을 주고 있습니다.

까딱 까딱

결과적으로 대부분의 도시에는 도시 자체에서 허가한 매춘 업소나 성매매를 허용하는 특정 정책이 있었습니다.

비록 매춘이 필요하다고 여겨졌지만, 그렇다고 해서 사람들이 매춘을 좋은 일이라고 생각했다는 뜻은 아닙니다. 대부분의 도시에서는 매춘이 오늘날 우리가 홍등가라고 부르는 장소와 동일하게 성벽 외부 또는 그 근처에서 이루어져야 한다고 법률화했습니다. 일부 도시에서는 복장 규정도 시행되었죠. 런던의 경우, 매춘부들은 반짝이는 모자 또는 흑백 줄무늬 머리쓰개를 뒤집어써야 했죠.

이들은 타인이라는 낙인이 찍혔으며 말 그대로 사회의 끝자락에서 살아야 했지만, 사람들은 이 성매매 종사자들이 자신의 일을 그만두고자 하면 기쁘게 다시 사회에 통합시켰죠. 또한 중세시대 성매매 종사자들의 대표적인 특징으로는 고해성사를 한 후 결혼도 할 수 있었다는 것을 들 수 있습니다. 하지만 모든 여성들이 매춘을 그만두고 싶어한 것은 아닙니다. 수익성이 매우 좋기도 했고, 남성에게 의존하지 않아도 되었기 때문이죠. 물론 외부인으로 여겨졌다는 사실은 변하지 않습니다만 대신 사회 밖에서는 자유로웠습니다.

· 동성애자 ·

스스로를 외부인으로 인식한 또 다른 집단은 중세 사람들이 남색자라고 불렸던 이들, 즉 오늘날 우리가 레즈비언, 게이 또는 양성애자라고 부르는 이들이 있습니다. '남색'은 임신으로 이어질 수 없는 항문 또는 구강성교, 상호 자위행위를 포함한 모든 성관계를 말합니다. 간단히 말해서, 가임기 여성의 질 내에 남성의 성기를 넣는 걸 제외한 모든 종류의 성관계가 이에 포함됩니다. 따라서 엄밀히 따지자면 누구나 남색자가 될 수 있었습니다. 동성과 관계를 하는 행위는 그 어떤 경우에도 남색자로 여겨졌으며, 이 같은 행위는 용납되지 않았습니다. 이 당시에는 오늘날처럼 성에 대한 고정된 관념이 없었습니다. 중세시대 사람들에게 있어 이성애자, 양성애자, 동성애자와 같은 분류는 존재하지 않았습니다. 다만 사람들은 자신들의 행동에 근거해 불법적인 성관계를 가진 이들과 그렇지 않은 이들로 분류될 수 있었습니다

만일 남자가 여자와
동침하는 것과 똑같이
남성과 동침하면
둘 다 혐오스러운 일을
행함이니 그들은 반드시
돌에 맞을 것이며
그들의 피가
그들 몸 위에 뿌려지리라.

성경학
개론

그러나 우리는 일부 중세 사람들이 동성애라고 부르는 관계에 있었다는 것을 알고 있습니다. 우리말로는 게이, 레즈비언이라 불리는 이들이 이 시기에 쓴 낭만적이고 가슴 아프며 도발적인 편지가 오늘날까지 많이 남아 있습니다.

제가 제 마음에 들이기로 한 것은 오직 당신뿐이랍니다…
그 누구보다 당신을 사랑합니다. 당신만을 사랑하며 바랍니다…
당신이 저에게 한 키스와 따사로운 말로
제 마음을 어루만져줬던 시간들을 떠올릴 때마다
당신을 볼 수 없다는 사실에 차라리 죽고 싶답니다.

따라서 중세시대에도 동성애가 존재했지만 거센 사회적·신학적 비난에 직면하게 되어 숨겨져야 했으며, 이 때문에 역사가들이 어떤 특정 개인이나 연인들이 동성애 관계에 있었는지 식별하기가 어렵습니다.

적극적으로든 수동적으로든 남색이라는 죄악을 저지르면 이에 따른 실질적인 벌이 뒤따를 수 있었습니다. 예를 들어, 피렌체에서는 처음 적발 시에는 벌금으로 50플로린을, 두 번째에는 100플로린, 세 번째에는 200플로린, 네 번째에는 500플로린의 벌금이 부과되었습니다. 그리고 여섯 번째에 잡혔을 시 이들은 산 채로 불태워졌습니다.

· 유대인 ·

유대인들은 중세시대에 동성애자들이 겪었던 것과 유사한 적대적 환경에 직면했습니다. 첫 번째 십자군이 어떻게 시작되었는지 기억하시나요? 당시 유럽에는 잘사는 유대인 공동체가 많이 있었죠. 유대인은 고리대금을 한다는 한 가지 핵심 개념 때문에 사회의 필수불가결인 존재였습니다. 하지만 중세 기독교인들에게 고리대금돈을 빌려주고 이자를 받는 행위은 죄였습니다. 여기서 가장 중요한 것은, 유대인들에게는 고리대금이 죄가 아니었다는 점입니다. 그렇기에 상업이 왕성한 곳이면 어디든지 유대인 공동체도 그 세력이 커졌으며, 그들이 있는 곳의 대출 수요를 충족시켰습니다.

유대인들은 또한 묵시록이라는 기독교 서사에 필수적이기 때문에 종교적 도구로서도 사회가 필요로 했습니다. 묵시록에 따르면, 유대인들은 종말의 때에 가장 먼저 적그리스도를 경배할 것이며 환난을 이겨내면 기독교로 개종할 것이라 적혀 있습니다.

중세 주요
유대인
공동체

런던
암스테르담
바르샤바
민스크
크라쿠프
루빈
프랑크푸르트
키예프
브로츠와프 프라하 르비우
뮌헨
베네치아
톨레도
코르도바
로마
테살로니키
콘스탄티노플
팔레르모
바그다드

125

이처럼 중요한 역할을 담당하는 유대인이 필요했음에도 불구하고, 기독교인들은 이들에게 친절하지 않았습니다. 유대인들은 그리스도의 신성을 부정할 뿐만 아니라 이를 적극적으로 거부한다고 여겨졌습니다. 그 결과, 유대인 공동체는 부당한 비방을 당했고, 미사를 방해하기 위해서 기독교 신자 아이들을 살인한다는 혐의를 받았으며 끊임없이 고통을 받았습니다. 일부 유대인 공동체들은 주기적으로 권력자들이 막대한 빚을 지게 되었을 때 표적이 되기도 했습니다. 그 예로 1260년, 영국에서는 사람들이 자신들의 부채 증거를 없애기 위해 유대인 공동체에 대한 일련의 학살을 자행했으며, 그 결과 런던에서만 500명의 유대인이 죽었습니다. 이후 1290년에는 모든 유대인이 추방령에 따라 영국과 웨일스에서 완전히 떠나야 했습니다.

대도시의 경우 이런 뒤숭숭한 상황을 막기 위해 유대인들을 게토 안에 강제로 살게 함으로써 통제하곤 했습니다. 이 지역들은 자주 문이 닫혀 있었으며, 어두워지면 아예 문이 잠겼는데 이를 통해 두 가지 목적을 달성할 수 있었습니다. 첫째로 편협한 기독교인들에게 이론상으로나마 피에 굶주린 유대인들이 안에 갇혀 있으므로 안전하다는 느낌을 주었다는 점, 둘째로 유대인들 입장에서 자신들을 죽이고자 하는 기독교인이 들어올 수 없다는 사실에 안심할 수 있었다는 점 등이 그것입니다.

· 이단자 ·

비단 비기독교 공동체만이 폭력적 탄압의 대상이었던 것은 아니었습니다. 자신들을 기독교 신자로 여겼던 일부 집단들도 교회와 다른 편에 섰습니다. 이 이단자들은 교회가 불허한 종교적 견해를 가지고 있었습니다.

광범위한 교회의 탄압에 직면한 이단자들 중 가장 유명한 이들로는 랑그도크의 '선량한 남성들과 여성들'이 있었는데요. 교회는 이들을 카타리파라고 불렀습니다. '이원론자'였던 이들은 물질적 세계가 본질적으로 악하다고 생각했으며, 인간을 속이려는 사탄인 '데미우르고스'가 지배한다고 생각했습니다. 이들 중 많은 수가 결과적으로 교회를 명백히 거부했는데요. 거부에 대한 이유로 교회가 너무 부유하고 강력하며 영적 구원에 그리 관심이 없다는 것을 들었습니다.

이 움직임은 11세기 후반 프랑스의 랑그도크 지역에서 시작되었습니다. 13세기에 이르러서는 귀족들이 이들을 보호할 정도로 대중화되었죠. 이에 대해 교회는 알비 십자군이라 명명된 20년에 걸친 십자군 원정과 오늘날 프랑스 남부에 위치한 도시들에 대하여 종교 재판을 실시하는 것으로 반응하였습니다.

심문 후 이단자로 판명된 이의 처벌은 다양했습니다. 강제로 노란 십자가를 단 옷을 입혀 십자군에 보내졌으며, 만약 회개하지 않으면 때때로 죽임을 당하기까지 했습니다. 그중 가장 최악은 몽세귀르 대학살 사건으로 200명의 카타리파 신자들이 훗날 화형의 들판이라고 불릴 몽세귀르 요새 아래에 놓인 장작더미 위에서 산 채로 태워져 죽임당한 일을 들 수 있습니다.

이후 카타리파 신도들이 흑마법을 행하고 있으며, 거대한 검은 고양이의 형태를 취한 사탄을 숭배하기 때문에 교회가 그들을 카타리파라고 명명했다는 소문이 퍼져 나갑니다. 그러나 진실은 그에 못지않게 무섭기는 해도 훨씬 평범했습니다. 그럼에도 올바른 믿음을 가지고 있지 않은 이들에게는 전면적인 교회와 군사적 개입이 벌로 내려질 수 있었으며 오직 교회만이 옳고 그름을 정했습니다.

· 나환자 ·

중세시대 사람들은 단순히 건강에 운이 나쁘다는 이유만으로 배척당할 수도 있었습니다. 이 같은 이유로 배척받은 이들 중 가장 눈에 띄는 집단으로는 나환자를 들 수 있죠. 피부에 병변이 일어남으로써 피부, 팔다리, 눈, 심지어 신경에까지 영구적인 손상을 입을 수 있는 이 세균성 질병은 중세시대에 매우 흔한 질병이었습니다. 나환자들은 팔다리를 잃는 경우가 많았는데 이는 나병 때문이 아니라 피부의 병변이 환자를 다른 감염에 더 취약하게 만들었기 때문입니다.

나병은 중대한 문제였습니다. 단지 고통 때문이 아니라 병이 초래하는 손가락과 발가락 또는 팔다리의 손실로 인해, 나병 환자들은 당시 대다수 사람이 종사하던 집약적 노동이나 밭 경작을 할 수 없었기 때문입니다. 그 결과, 나환자들은 살기 위해서 자주 구걸에 의존했습니다.

종종 교회나 부유하고 독실한 기독교 신자들은 나환자들에게 기부를 하곤 했습니다. 이외에도 이들에게 도움을 주는 주된 방법 중 하나가 나병원이라고 불린 장소를 짓는 것이었습니다. 나환자의 수호성인인 나사로의 이름을 따서 명명된 이 장소는 나환자들이 함께 생활하는 공동 가옥이었으며, 대개 수도사와 수녀들의 경우처럼 도시 외곽에 위치하였습니다.

독실한 기독교인들은 나병으로 고통받는 사람들에게 빠르게 기부를 했으나, 꼭 나환자들 주위에 있고 싶어 한 것은 아니었습니다. 이것은 부분적으로 전염에 대한 두려움 때문도 있었지만 나환자들이 일단 이 병에 걸린 이상 도덕적으로나 육체적으로나 타락했다는 생각과도 연관이 있었기 때문입니다.

나환자들은 대부분의 소외된 집단들과 마찬가지로 사회의 일부였으나, 대다수의 중세 사람들이 할 수만 있다면 기꺼이 몰아내고자 하던 집단이었습니다. 그들은 사회에서 '다르다'라는 낙인이 찍힌 채 구별되기 위해서 나환자임을 나타내는 옷을 입었고 특정 장소에서만 살아야 했으며 때로는 끔찍한 폭력을 겪어야 했습니다.

중세 사회에서 소외된 사람들이 받았던 처우는 끔찍했습니다. 그러나 이는 안타깝게도 지금의 우리 시대와 크게 다르지 않습니다. 여성은 여전히 남성과 같은 자유를 누리지 못하고 있고 보통은 대부분의 가사 노동과 육아를 떠맡고 있으며 같은 일을 해도 남성보다 적은 급여를 받습니다. 성매매 종사자들은 여전히 죄인 취급을 받는 경우가 많죠. 중세시대에 기독교인들이 유대인들에게 자행한 소외, 폭력, 증오는 지난 세기의 홀로코스트 기간 동안 유대인들에게 행해진 끔찍한 짓에 비하면 왜소해 보입니다. 한편, 중세 나환자에 대한 처우는 오늘날과 20세기 후반 에이즈가 창궐할 당시 양성 반응을 보인 사람들에 대한 처우와 비교하면 귀여운 수준이라고 할 수 있습니다. 우리는 여전히 이러한 집단들에 대해 편견을 갖고 있으며, 이들의 이야기는 진짜 역사로 여겨지고 있지 않습니다. 아직까지도 역사는 이성애인 건장한 백인 남성만을 위한 것이죠. 우리는 알아야 합니다. 우리 또한 이러한 행위에 공모했다는 사실을요.

· 흑사병 ·

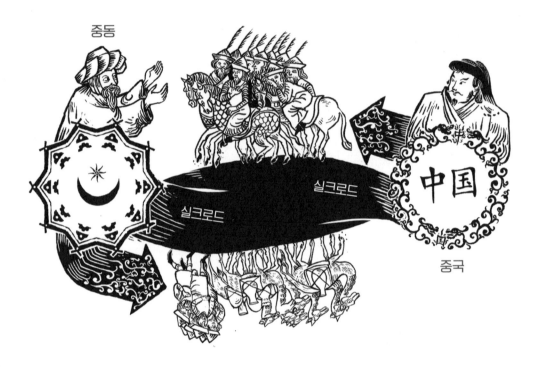

중동

실크로드

실크로드

中国

중국

중세시대 사람들이 자신들의 사회적 위치 때문에 많은 어려움에 직면했던 동안 중세 후기의 시작은 무차별적인 흑사병의 도래를 알렸습니다. 페스트 또는 단순히 '그 전염병'이라고도 불리는 이 전염병은 설치류, 보다 정확히는 중앙아시아 대초원에 서식하는 마못에 기생하는 벼룩의 박테리아에 의해 발병되는 림프절 페스트였습니다. 전염병이 퍼진 것은 쿠빌라이 칸1294년 사망이 몽골 최초로 중국 전역을 정복하고 원나라를 세웠기 때문입니다. 중국을 정복한 이후 쿠빌라이 칸은 경제 회복을 촉진하기 위해 공공건물 수리, 도로의 확장, 대운하 재건에 막대한 액수를 투자합니다. 역사가들이 팍스 몽골리카라고 부르는 이 평화와 다양성의 시대는 아시아 전역에서 훨씬 더 쉬운 무역을 가능케 했습니다. 그러나 당시 상인들은 무역을 하러 가는 길에 벼룩이 있던 마못을 줍는 경우가 있었습니다.

그곳에서부터 흑사병은 중국으로 먼저 옮겨졌고, 놀라운 속도로 퍼졌습니다. 유럽에서 최초로 기록된 흑사병의 창궐은 실크로드의 끝에 위치해 있으며 오늘날 페오도시아라고 불리는 크림 반도의 번성하던 항구 도시 카파에서 일어났습니다. 카파는 수년간 황금 군단의 대장 중 한 명이며 자니베크 칸으로도 알려진 자니베크 1357년 사망가 이끄는 몽골군으로부터 포위당하고 있었습니다. 칸의 병사들은 카파의 성벽 밖에서 흑사병에 걸렸으며 이윽고 벼룩을 통해, 혹은 자니베크 칸이 성벽 위로 흑사병 환자들의 시체를 던짐으로써 역병은 도시 안에까지 퍼져나갔습니다. 어느 쪽이 사실이든 결국 도시는 함락되었고, 1226년부터 카파를 지배해왔던 제노바 상인들은 흑사병과 함께 12척의 배를 타고 달아났습니다.

황금 군단

1347년 10월, 제노바인들은 이 전염병을 시칠리아로 퍼뜨리게 되었고, 그 다음으로 1348년 1월에는 제노바, 베네치아, 그리고 피사 순으로 옮겨갔습니다. 그리고 흑사병은 이 주요 항구들에서부터 출발해 유럽 대륙 전체를 휩쓸었죠. 한편 카파에서 온 이 끔찍한 전염병은 흑해도 건너 콘스탄티노플까지 이르렀고 그곳에서 알렉산드리아, 가자, 레바논, 팔레스타인, 그리고 예루살렘과 다마스쿠스에까지 퍼져나갔습니다.

일부 지역들, 특히 무역이 더 제한되어 있던 지역들은 감염을 피할 수 있었지만 아시아, 북아프리카 및 유럽의 대다수 지역은 흑사병으로 인해 고통받았습니다.

흑사병은 벼룩이 왕성하게 늘어나는 여름에 급속히 퍼졌다가, 겨울에 줄어들기를 반복하곤 했습니다. 의사들은 전염병이 미아즈마, 쉽게 말해 나쁜 공기 때문에 생겼다고 믿었죠. 하지만 이 미아즈마가 어디에서 비롯되었는지는 분명하지 않았습니다. 이에 프랑스의 필립 6세1293-1350는 파리 대학교의 의학교수들에게 미아즈마의 근원에 대한 설명을 하길 요구했습니다.

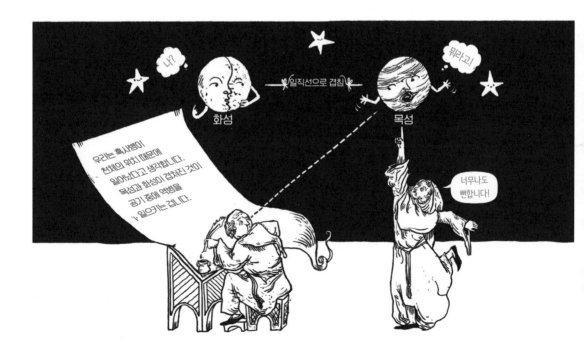

민중의 대다수는 이 같은 흑사병의 근원지에 대한 주장을 무시했는데, 오히려 누군가가 자신들의 물 공급지에 독을 풀어 흑사병이 발생하게 되었다는 믿음이 널리 퍼지게 됩니다. 이 같은 의심의 대상은 주로 외방인들, 정확히는 궁지에 몰린 유대인 공동체, 외지인, 또는 여행자들이 되었죠. 실제로 1348년부터 1351년까지 저지대 국가, 프랑스, 이베리아 반도, 만토바, 그리고 파도바 등에서는 유대인들을 대규모 단위로 화형에 처했습니다.

다른 이들은 흑사병이 복수심에 불타는 신이 속세에서 사람들이 짓는 죄가 못마땅해 내리는 신벌이라고 믿었습니다. 이에 대응하여 유럽 전역에서 편모 운동이 일어나게 됩니다. 사람들은 맨발에 허리 위로는 아예 벌거벗은 몸으로 행진을 하여 그리스도가 십자가를 지고 가던 오른쪽 어깨를 스스로 마구 쳤습니다. 이 같은 행위가 행해진 이유는 자신들이 그리스도가 그랬던 것처럼 고통을 받는다면, 이 고통을 통해 그들이 지은 세속의 죄를 속죄할 수 있을 것이고, 그렇게 되면 흑사병이 가라앉을 것이라고 생각했기 때문이었습니다.

오늘날 우리에게 화형과 채찍질이 이상하고 끔찍해 보일수도 있지만, 이 시대 사람들은 끔찍한 시대에 살고 있었다는 것을 이해하는 것이 중요합니다. 유럽 인구의 45-50%가 4년 이내에 사망했는데, 이는 평균치에 불과했습니다. 지중해 지역에서는 그 수치가 거의 75-80%에 가까웠습니다. 사람들은 전염병을 막을 수 있는 방법을 찾기 위해 정말 필사적이었죠. 이 당시에는 의학적 도움이 없었으며, 교회 또한 흑사병을 막지 못했습니다.

여기서 더 중요한 것은 많은 기독교인들이 당시 있었던 교황청의 이전으로 인해 교회 자체가 흑사병 문제의 일부분이라 확신하고 있었다는 점입니다. 흑사병이 유럽을 덮칠 때에 이르러서는 교황이 아비뇽에 있는 새로운 교황청에 안락하게 자리를 잡은 지 약 30년이 지났었죠.

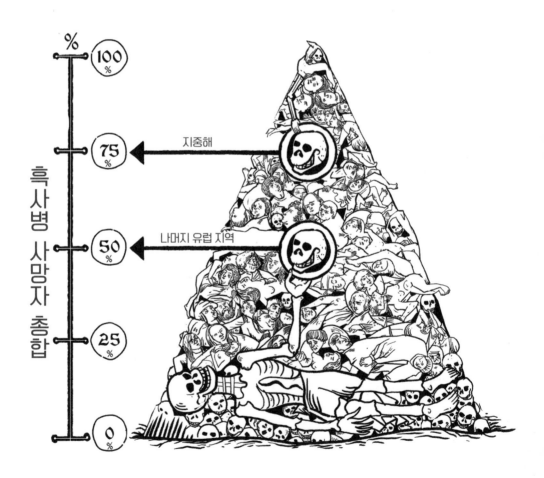

· 아비뇽 교황 시대 ·

1302년, 교회가 그저 로마에서 자신들이 신성 로마 제국을 지배한다고 선언하는 것에 점점 지쳐가고 있었던 때, 교황 보니파키우스 8세1230-1303가 일종의 교황 칙령인 우남 상크탐을 발표하였고, 이로 인해 교회의 이전이 일어납니다.

이것은 그 누구에게도 '예속'되는 것을 원치 않던 군주들에게는 충격적인 소식이었습니다. 교황이 종교적 지도자인가? 물론이었습니다! 하지만 군주들은 교황의 신하나 백성은 아니었죠. 교황이 그들의 통치에 있어서 감 놔라 배 놔라 할 수는 없었습니다. 그렇기 때문에 교황은 그들에게 명령이 아닌 십자군 원정을 가달라고 요청해야 했죠. 이윽고 프랑스의 왕인 필리프 4세가 우남 상크탐에 반발합니다.

모든 사람이 교황에게 복종함은
그들의 구원을 위해 필수적인 요소이다.

당신의 존경스러운 거만함은
우리가 현세의 일에 있어서는
그 누구의 부하도 아니라는 것을
알아야 할 필요가 있습니다.

필리프 4세는 즉시 자신을 파문하겠다는 교황 보니파키우스 8세의 협박을 받았습니다. 이에 대응하여 1303년, 그의 부하들 중 일부가 교황의 관저에 침입하여 교황 레오 3세 때를 아득히 능가하는 무력행사를 벌이죠. 며칠 후, 보니파키우스 8세는 파문 선언서를 보내지도 못한 채 구타로 인한 상처 때문에 사망합니다.

교황 보니파키우스 8세가 사망하고, 그의 후임자였던 교황 베네딕트 11세1240~1304가 그 자리를 이어받기까지 8개월의 막간 기간이 있었습니다. 베네딕트 11세가 앞의 사건에 연관된 이들을 면죄하고 죽은 후 1305년, 지금까지 대부분 그랬던 것과 같이, 이탈리아 출신 교황이 선출되는 대신 사적으로는 필리프 왕의 친구였던 아키텐 출신의 교황 클레멘스 5세1264-1314가 교황으로 선출됩니다.

이때부터 대부분의 교황은 오늘날 프랑스 지역 출신인 사람들이 선출됩니다. 한편 교회를 이전하는 것이 교황권에 이롭다고 생각한 클레멘스 5세는 처음에는 푸아티에1305, 그 후에는 아비뇽1309으로 가서 호화롭기 그지없는 새 교황청을 짓습니다. 이 모든 것에는 돈이 필요했으며 클레멘스 5세는 그 어느 때보다 중앙화된 교회의 힘을 활용해 돈을 모읍니다. 그 한 예로 십일조를 들 수 있는데요. 클레멘스 5세는 모든 교회 및 교회 소유의 토지에서 매년 십일조 내지 그들이 가지고 있는 자산의 10%를 아비뇽에 보낼 것을 명령합니다.

사람들은 이제 교황이 왕과 같이 살고 있다는 사실과 아비뇽에 있는 교황청이 너무 사치스럽다는 점에 투덜대기 시작했습니다. 더욱이 로마에서 교황이 사라지자 당시 많은 추기경과 교황을 배출한 지역 내 명문인 오르시니 가문과 콜로나 가문이 도시에 대한 소유권을 서로 주장하며 공개적으로 전쟁을 벌임은 물론, 도시의 오래된 행정 구역인 리오니를 서로 양분하고 있었습니다.

교황권의 공백으로 야기된 이런 혼란은 교황권의 계속되는 부재를 정당화하는 좋은 이유가 되었습니다. 어떻게 교황이 스스로 전쟁 때문에 망가진 옛 집에 돌아감으로써, 본인은 물론 기독교 전체를 위험에 빠트릴 수 있을까요? 당연히 아비뇽에 계속 머무르며 기독교 전체의 이익을 위험에 빠트리지 않는 게 옳은 행위였습니다.

· 백 년 전쟁 ·

교회가 프랑스 안에 자리 잡으면서, 프랑스 땅은 이 시대의 가장 유명한 전쟁인 '백 년 전쟁'에 휘말리게 됩니다. 결말을 짓는 데 백 년이 넘게 걸린 이 전쟁은 사실 본질적으로는 승계 분쟁이었습니다.

카페 왕조의 가계는 루이 10세1289-1316의 사후 직계 남자 후계자를 배출해내지 못했습니다. 일반적인 경우였다면 후계자는 그의 딸 후아나 2세1312-1349에게 넘어갔겠지만, 후아나 2세의 어머니인 부르고뉴의 마가렛1290-1315이 바람을 피웠다는 사실이 적발되었다는 게 문제였죠. 이 일 때문에 후아나 2세의 친부가 누구인지가 의심스러워졌죠.

이에 후아나 2세의 삼촌 필리프 5세1293-1322는 왕위를 차지하기로 결심하면서, 왕의 자리를 여성이 계승하는 것은 불가능하므로 카페 왕조 사람 중 가장 연장자인 자신이 왕이라고 주장합니다.

필리프 5세의 동생인 샤를 4세1294-1328도 새로운 '여성 계승 불가'의 규칙살리카법에 따라 왕위를 계승했습니다. 하지만 샤를 4세 또한 남성 상속인 없이 사망했죠. 카페 왕조의 혈통이 끊기자, 살아있는 친척 중 가장 가까운 이는 샤를 4세의 조카이면서 샤를 4세의 누나이기도 한 프랑스의 이사벨라1295-1358의 아들이자 영국의 왕 에드워드 3세1312-1377였습니다. 하지만 여기서 일은 복잡해졌는데, 핵심은 이사벨라가 여성이라 프랑스의 왕위 계승권이 없는데 어떻게 본인의 자식에게 왕위를 물려줄 수 있느냐는 점이었습니다.

이 사안의 결정권을 쥐고 있던 프랑스 귀족들은 이사벨라가 에드워드 3세를 대신해 프랑스를 다스리는 것을 우려했습니다. 당시 암늑대라는 별명을 가졌던 동시에, 자신의 남편이었던 에드워드 2세1284-1327를 죽였을 뿐만 아니라 대놓고 자신의 정부와 살고 있다는 소문이 자자했던 이사벨라는 프랑스 귀족들이 바라는 이상적인 겁쟁이 왕이 아니었기 때문이죠.

파리 대학교의 학자들은 여성이 왕위를 계승할 수 없다면 그녀의 아들도 왕위를 계승할 수 없다고 주장했으며, 이는 이후 1340년 살리카 법으로 성문화됩니다. 이것이 의미하는 바는 새롭게 카페 왕조의 남성 가계에 가까워진 남성 상속인이 샤를의 4세의 사촌인 발루아 백작 필리프1293-1350라는 것과 그가 프랑스의 왕으로 즉위1328, 필리프 6세라는 왕호로 왕위에 오를 것이라는 사실이었습니다.

에드워드 3세는 이에 대해 그리 긍정적이지는 않았지만, 필리프 6세가 본인이 소유하던 오늘날 프랑스 서남부 기엔 지역에 손을 대기 전까지는 그 어떤 행동도 취하지 않았습니다. 이후 에드워드 3세는 어차피 싸우기 위해 프랑스로 내려가야 한다면 프랑스 왕위 자체를 차지하는 것이 낫다고 결정해 1340년, 스스로를 프랑스의 왕이라고 선언했습니다.

이윽고 전쟁이 시작되었으며 프랑스는 전쟁비용 충당과 영국의 무역을 방해하기 위해 영국 해군을 타격하고자 했죠.

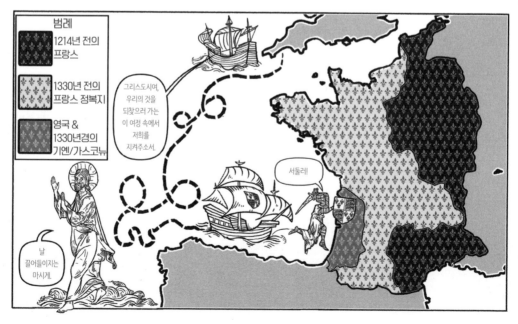

· 중세의 전쟁 ·

중세시대의 전투는 대개의 경우 오늘날의 그것과는 달랐습니다. 적어도 귀족에게는 그랬습니다. 기사들은 적을 죽이는 대신 사로잡는 걸 선호했습니다. 사로잡힌 포로들은 승자에게 구속된 채 적국으로 끌려갔으며, 몸값을 지불해야 풀려날 수 있었죠. 이 돈은 승자들에게 돌아갔으며, 가문의 운영이나 전쟁비용을 충당하는 데 사용되었습니다.

특히 군마는 비용이 많이 들고 오랜 훈련이 필요했습니다. 다음으로 비용이 많이 드는 것은 갑옷, 칼, 창 등이 있었습니다. 여기에 더해 평시에 탈 말과 이 모든 걸 관리하고 움직일 수행인 또한 필요했죠.

기사들이 종종 전투에서 사망하기도 했지만, 상대방의 생포가 기사도라는 개념에 뿌리내리고 있었기에 그들의 목적은 적의 기사를 생포하는 것이었습니다. 이것은 행동 강령 그 자체가 아니라 교회와 그의 주님, 귀족을 상대하는 기사의 의무에 대한 일련의 지침이자 원칙이었습니다. 그렇다고 이것이 중세의 전쟁에서 아무도 죽지 않았다는 뜻은 아닙니다. 많은 평민들이 도랑에서 죽었습니다.

적군의 기사를 포획해 몸값을 받아내는 관습은 전쟁사에서 가장 유명한 전투 중 하나인 크레시 전투가 왜 그렇게 재앙이었는지를 설명하는 데 있어 중요합니다. 전투 당시 포로를 잡아 일확천금을 획득하길 열망하던 프랑스 기병대는 나머지 프랑스 군대가 준비되기도 전에 영국군의 전열로 뛰쳐나갔죠. 그러나 영국군은 이미 유리한 위치를 선점하고 있었고, 그 앞에는 장궁병들이 있었습니다. 당시 장궁은 비교적 신무기였기 때문에 프랑스 기병대는 자신들이 어떤 상황에 직면했는지 전혀 모르는 상태에서 후방의 지원도 없이 도살장으로 돌진해 나갔습니다.

또한 기사도는 몇 년 후 일어난 1356년 푸아티에 전투에서 프랑스 왕 장 2세1319-1364가 생포되었을 때 일어난 사건을 설명해줍니다. 전쟁에서 패한 후, 장 2세를 되찾기 위해 프랑스는 3백만 크라운과 여러 인질을 영국으로 보냅니다. 석방된 장 2세는 인질을 석방하는 데 필요한 돈을 모으기 위해 프랑스로 돌아왔지만, 그의 아들 앙주의 루이 1세1339-1384가 탈출하자 기사도에 따라 스스로 영국에 다시 볼모가 되기를 자처합니다. 이후 영국의 포로인 상태로 사망합니다. 모범적인 기사도의 예라고 할 수 있죠.

결국 양측 다 어린 왕이 즉위하고, 국내 사정이 평민들로부터 더 이상 세금을 쥐어짜지 못할 정도에 이르자 15세기까지 지속될 불안한 휴전이 체결됩니다. 하지만 양측 왕족들은 모두 전쟁을 재개할 것을 약속했죠. 이후 전쟁을 재개하기 전까지 유럽 내 분쟁이 일어나 편을 가르는 경우가 생기면 그때마다 양측은 꿋꿋하게 서로 다른 쪽을 편들었습니다. 그리고 운 좋게도 그런 상황이 곧 발생합니다.

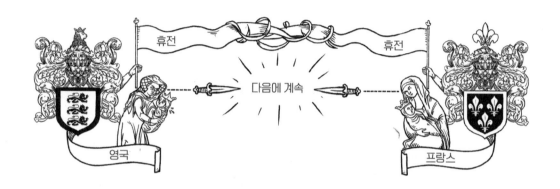

교황 그레고리우스 11세1329-1378는 교황청의 위치와 아비뇽의 호화로운 생활 방식에 대한 불만이 제기된 지 수십 년이 지난 1376년, 교황청을 로마에 되돌려 놓은 뒤 사망합니다. 새로운 교황 선출이 수면에 떠오름에 따라 로마 사람들은 이미 여러 번 선출된 프랑스 출신이 아닌 로마 출신 교황을 원한다는 자신들의 요구를 명확히 표현하기 위해 폭동을 일으킬 것을 결심합니다.

· 대분열 ·

로마 사람들에게 협박을 당하던 추기경들은 교황에 적합한 로마인을 찾지 못하자 나폴리 출신의 우르바누스 6세1318-1389를 교황으로 선출한 후, 성난 폭도들이 비로마인이 교황으로 선출되었다는 걸 알아차리기 전에 도시에서 달아났습니다.

　뚜껑을 열어보니 우르바누스 6세는 세계에서 손꼽힐 만하게 나쁜 사람이었습니다. 그는 반동 분자였으며, 의심이 많았고 발작적으로 폭력을 휘두르는 경향이 있었습니다. 대부분의 추기경은 즉시 그들의 결정을 후회했죠. 교황 재선출을 희망하던 추기경들은 같은 해 9월 새로운 교황을 선출합니다. 이 교황또는 대립 교황이 바로 제네바 출신의 클레멘스 7세였습니다. 우르바누스 6세의 존재와 자신의 비로마인 출신 배경이 문제의 소지가 될 수 있다는 생각에, 클레멘스 7세는 교황의 지위를 취하기 위해서 아비뇽으로 돌아갑니다. 그리고 상황이 순식간에 아수라장으로 치달았습니다.

　두 명의 교황 모두 물러날 의사가 없었기 때문에, 여러 왕국은 둘 중 어느 한쪽이 굴복하기를 바라면서 서로의 편을 들기로 결정했습니다.

· 롤라드파 ·

교황권의 분열에 대한 전반적인 반응은 환멸이었습니다. 사람들은 교회가 둘로 갈라져 누가 자신들을 구원할 책임을 맡을지조차 합의를 보지 못한다는 사실에 실망했습니다. 그러나 이처럼 교황들이 다툴수록, 일반인들의 종교적 필요를 충족시킬 수 있는 방법을 제안하는 개혁자들이 등장할 여지는 더 커지게 됩니다.

이게 롤라드파가 옥스퍼드에서 두각을 나타내게 된 배경입니다. 롤라드파는 학자이자 사제였던 존 위클리프1320-1384의 가르침을 따랐습니다. 이들의 주된 믿음은 '하나님에 대해 가장 확실히 배우는 방법은 교회라는 타락한 매체를 통해서가 아닌 오직 성경을 통해서라는 것'이었습니다. 이들은 성경을 라틴어에서 영어로 번역하는 일을 밀어붙이기도 하였습니다. 또한 왕이 교회의 모든 땅을 압수하고 매매할 것을 요구했죠.

교회는 롤라드파에 대해 알아채자마자 그들을 싫어했습니다. 또한, 위클리프가 주장한 성체 공존설이 교회가 인가한 성변화설과 반대되기에 반감을 가졌습니다.

결국, 존 위클리프는 이단으로 선고받습니다. 하지만 사람들은 교회가 너무 부유하고 현재로서는 도덕적 권위가 없으며, 사람들이 스스로 성경을 읽을 수 있어야 한다는 그의 사상을 좋아했습니다. 개인을 중심으로 한 종교 개혁에 대한 요구는, 흑사병으로 인구의 상당 부분을 잃은 뒤 사회와 스스로의 삶을 재건하려고 노력해도 자신들의 통치자 때문에 힘들게 살던 여러 영국인들에게 매력적으로 다가왔습니다.

· 농민의 난 ·

너무나 많은 사람이 죽어나가자 산 사람들은 전에는 그들이 가질 수 없었던 직업으로 갈아타거나, 줄어든 인구 때문에 가치가 올라간 자신들의 노동력을 더 비싼 가격에 제공하고자 했습니다. 농노특정 토지에 묶인 채 지주에게 스스로의 노동을 대가로 지불하고 자유가 없던 노동자들는 자유민이 되는 것과 개방된 시장에서 더 나은 전망을 찾는 데 관심을 두었습니다.

영국의 지주들은 자신들의 이익이 점점 줄어들고 있다는 사실을 알게 되었습니다. 이들은 임금을 흑사병 이전 시절 수준 금액으로 동결하려 하였고, 1349년 노동자 조례와 1351년 노동자 법령에 따라 노동을 거부하는 것을 금지하려고 하였습니다.

이와 동시에, 영국 왕은 프랑스에서 또 한 번 전쟁을 일으키기 위한 재정을 마련하고자 증세를 하고 있었습니다. 흑사병으로 인해서 인구가 크게 줄었기에 이는 영국인들에게 있어 큰 타격이었습니다.

결국 평민의 불만이 1381년 농민의 난이라는 형태로 폭발합니다. 그리고 본명이 월터인 '와트 타일러1381년 사망'라는 이가 들고 일어나 켄트주의 반군 단체들을 이끌고 그들이 부패한 왕국의 상징이라고 생각한 런던으로 진군했습니다.

롤라드파 신부인 존 볼1338-1381은 반란군을 격려하기 위해 사회의 죄악에 대해 직접적으로 불평하는 설교를 했습니다. 농민들은 도시를 공격했고 처음에는 어느 정도 성공을 거두었죠. 이들은 왕실 대변인들을 보이는 대로 모두 죽이고 왕좌부 감옥, 성당 기사단 사원, 그리고 사보이궁을 파괴하였습니다.

농민의 난은 왕국 전역에서 반란을 촉발시켰는데 서퍽, 케임브리지, 세인트올번스, 베벌리, 노리치, 요크 등의 교회, 왕실 및 귀족의 재산을 불태우고 없앴을 뿐만 아니라 농민들의 농노제 폐지 요구로까지 이어지게 됩니다.

하지만 잘 준비를 마친 왕과 귀족들은 전세를 뒤엎었고, 소년 왕 리처드 2세1367-1400는 자유를 얻고자 했던 농민들을 조롱하였습니다.

너희는 농민이었으며 앞으로도 농민일 것이다. 너희들은 예전처럼 종의 생활을 하는 게 아니라 더 가혹하게 대해질 것이다.

반란 지도자들은 즉결 처형을 당했지만 대부분의 농민은 은밀히 예전의 삶으로 돌아갈 수 있었습니다. 비록 반군들이 자신들의 자유를 쟁취하지는 못했지만, 이 사건을 통해 프랑스에서 일어날 전쟁비용을 충당하기 위해 부과되었던 인두세가 인하되었고, 침묵하는 백성들에게서 전쟁을 위한 군자금을 계속 쥐어짤 수 있을 것이라는 지배층의 생각을 머리에서 지워버릴 수 있었죠.

농노제도라는 압제 하에서도 서민들은 인간으로서의 권리에 대한 개념을 갖고 있었고, 더 많은 것을 꿈꿨습니다.

우리가 직접 작물을 고르고 좋은 모직 양말과 와인을 먹는다고 상상해보세요.

모든 요소를 고려했을 때, 14세기 유럽은 살기 좋은 시기는 분명 아니었습니다. 둘로 나눠진 교황과 교황권, 14세기 내내 창궐하던 역병, 로마에서 런던에 이르기까지 일어난 반란, 그리고 끊이지 않던 전쟁 등 사람들이 비관적이어도 뭐라 탓할 수가 없던 시기였습니다. 이후 종교적 비관주의가 종말론적 사상과 설교에서 다시 한 번 표현됩니다.

종말의 때가 다가온다.

묵시록의 네 기사가 도래했다.

교황은 우리를 그릇된 길로 이끌 적그리스도다.

참회합시다.

알고 나면 그런 두려움은 우스꽝스러워 보일수도 있겠지만, 종교적 색채가 강하던 사회에서 벌어진 지도력의 와해와 많은 인구를 잃은 후 일어난 여러 번의 전쟁을 감안했을 때 당시 사람들이 쓸데없는 걱정을 했다고 비난할 수는 없습니다. 하지만 한 가지 분명한 것은 세상은 종말을 맞이하지 않았다는 것입니다. 슬프게도 이렇게 새로운 세기가 시작된 다음에도 상황은 그리 나아지지 않았습니다.

· 잔 다르크와 백 년 전쟁의 끝 ·

한편, 백 년 전쟁은 영국의 아쟁쿠르 전투 승리와 트루아 조약415년 이후 끝나갈 것이라는 희망에도 불구하고 계속되었습니다.

이때 잔 다르크가 등장합니다. 프랑스 북동부 동레미 마을의 소작농 가족에게서 태어난 잔의 어린 시절은 전쟁으로 망가졌으며, 마을도 불에 타버렸습니다. 16살이 되자 그녀는 대천사 미카엘과 여러 성인들로부터 도팽 샤를 7세1403-1461를 도와 프랑스에서 영국인을 몰아내라는 음성을 듣게 됩니다. 자신이 신의 후원을 받고 있다고 확신한 그녀는 몇몇 병사들을 설득하여 자신에게 호위대를 붙여주고 궁전에 그녀의 존재를 알리도록 하였습니다.

잔 다르크는 정확한 군사적 예측과 전술에 대한 지식으로 도팽에게 깊은 인상을 남겼는데, 그녀는 양을 사육하면서 신의 계시를 통해 그 모든 것을 배웠다고 주장했습니다.

사실 잔 다르크가 실제로 제공한 것은 전쟁의 명분을 재구성할 기회였습니다. 이 끝이 안 보이는 폭력적이고 증오스러운 고투는 갑자기 단순하게 누가 프랑스를 물려받을지에 대한 전쟁이 아니게 되었습니다. 이제는 성전이었고 신은 프랑스의 손을 들었습니다.

곧 이들은 다시 승리를 거두기 시작했고, 루아르 계곡에서 영국인을 몰아내며 길을 연 덕분에 도팽 샤를 7세가 아버지 서거 이후 모든 프랑스 왕들이 대대로 대관식을 거행했던 랭스에서 왕으로 즉위할 수 있었습니다.

한편, 잔 다르크는 1430년 콩피에뉴시로 이동할 때 매복한 영국군에게 기습을 당해 포로로 사로잡혔습니다. 이후 그녀는 루앙에서 이단 재판을 받았는데, 이는 신이 용감한 프랑스군과 함께한다는 믿음을 약화시키려는 영국의 의도가 담긴 정치적 혐의였습니다.

1431년 5월 30일, 잔 다르크는 화형에 처해지게 됩니다. 불이 꺼지자 영국군은 새까맣게 탄 그녀의 시신을 모두에게 보여주기 위해서, 그리고 그녀가 탈출하지 못했다는 것을 증명하기 위해 통나무를 다시 꺼내 이를 증명했습니다. 이후 그녀의 시신은 두 번 더 태워졌고 그 재는 독실한 신자들이 유물로 수집할 수 없게 센강에 흩뿌려졌습니다. 1456년, 교황청은 잔 다르크의 명예를 회복하는 재판에서 그녀에게 내려진 모든 혐의를 철회하였으며, 그녀를 순교자라 선언합니다. 이 말은 잔 다르크가 성인이 되었다는 것을 의미합니다.

그녀의 죽음은 프랑스군을 결집시키는 계기가 되었고 전쟁의 전황이 역전되기에 이릅니다. 마지막 공식 전투는 1453년에 벌어졌으며 엄밀히 따지면 전쟁은 그 후로도 20년 동안 더 지속되기는 했지만, 한 세기가 지난 후에는 간단히 마무리되었습니다.

· 서방 교회 대분열의 끝 ·

한편, 15세기 초로 돌아와 보면 교황권의 분열은 여전했습니다.

1409년 즈음 사람들은 이 분열에 대해 극도로 분노해 있었으며, 추기경들은 아비뇽과 로마에 있는 두 교황을 모두 폐위시키고 피사에 있던 알렉산더 5세1339-1410를 새로운 교황으로 선출하려 했습니다. 로마 교황도, 아비뇽 교황도 이에 반응하지 않자 교황의 수는 3명으로 늘어나게 됩니다.

알렉산더 5세가 이듬해 사망하자, 그의 후계자인 요한 23세1370-1419는 이 모든 문제를 종결시키기 위해 콘스탄츠 공의회를 소집합니다. 당시 로마 교황이었던 그레고리우스 12세1326-1417는 참석하겠다고 했지만, 아비뇽에 있는 교황 베네딕트 13세1328-1423는 불참했습니다. 그럼에도 불구하고 피사와 로마의 교황은 공의회에 참석하여 1415년 마르티노 5세1369-1431가 새로운 교황으로 선출될 수 있도록 서로 교황의 자리에서 내려오는 것에 동의했습니다.

나는 이 엉망진창인 상황을 해결하기 위해 콘스탄츠 공의회를 소집합니다.

참석하지요. 이쯤 되니 저도 좀 당혹스럽군요.

피사 요한 23세

로마 그레고리우스 12세

절대로 안 가!

아비뇽 베네딕트 13세

다른 모든 교황을 물러나게 할 교황 마르티노 5세가 선출되었습니다.

마르티노 5세

이후에도 대립하는 교황이 두 명 더 아비뇽에서 선출되지만, 아무도 이들을 진지하게 고려하지 않았습니다. 1429년에 이르러 마지막 대립 교황이 물러나면서, 마르티노 5세는 로마에 굳건히 서 있는 최후의 교황이 되었습니다.

극도로 이상했다는 점 말고도, 이 모든 사건은 가톨릭교회에 심각한 영향을 주게 됩니다. 첫째로 교회는 주변으로부터 권력 남용과 횡령 혐의에 대한 비난을 당했습니다. 둘째, 교회 내에서 권위가 정확히 어떻게 부여되었는지에 대한 의문이 제기되었습니다. 마지막으로 교회의 분열이 제기한 신학적 문제를 제외하고도 어느 교황이 옳았는가, 어느 쪽이 정통이었는가에 대한 혼란이 많이 남게 되었습니다.

오늘날 우리는 로마 쪽 계통의 교황을 정통이라고 보지만 이는 제멋대로인 점이 없잖아 있습니다. 교황을 교회의 정점으로서 모든 사람이 존경하는 사람이라 정의한다면, 이 시기에는 교황이 여럿 있었다 말할 수 있습니다. 당시 사람들에겐 이 모든 게 아직도 혼란스러웠습니다.

· 후스파 ·

콘스탄츠 공의회가 하나의 종교적 위기는 끝낼 순 있었지만, 또 다른 문제로서 후스파라는 새로운 기독교적 질서의 탄생을 촉발하게 됩니다. 후스파는 체코의 성직자이자 학자인 얀 후스1369-1415의 이름을 따서 명명되었는데, 후스 본인은 프라하에 베들레헴이라고 불리는 자신의 예배당을 가지고 있었으며, 이곳에서 평신도가 대부분의 사람처럼 빵 하나에만 국한되지 않고 몸과 피 또는 빵과 포도주 두 종류의 영성체를 모두 받을 수 있어야 한다고 주장했습니다. 또한 그는 롤라드파와 마찬가지로 성경의 내용, 기도, 예배가 모국어라틴어가 아닌 자국어로 이루어져야 한다고 생각했습니다.

또한 얀 후스는 돈을 요구하는 교회의 행태에 대해 공개적으로 반대했는데, 이로 인해 교회의 노여움을 사게 됩니다.

1414년, 그는 콘스탄츠 공의회에 소환되어 지금까지의 자신의 언행에 대해 설명해야만 했습니다. 그리고 난리가 나게 됩니다. 얀 후스는 재판을 받았으며, 재판 중에 본인의 믿음을 철회할 것을 요구받았습니다. 그는 이를 거부하였고 이 때문에 결국 화형에 처해지게 됩니다.

프라하로 돌아온 얀 후스의 추종자들은 격노했습니다. 그들은 후스가 순교자라고 주장했고, 그들의 비정통적 숭배 방식을 계속 유지했습니다. 1419년에 이르러 이들의 분노는 폭력으로 이어졌는데, 결국 교회의 탄압에 자극받은 후스파의 행렬이 새롭게 지어진 프라하의 시청사에 진입하여 동지들의 석방을 거부했던 시의회 의원들을 창밖으로 내던져 죽이게 됩니다. 이 사건은 제1차 프라하 창문 투척사건이라는 이름으로 잘 알려져 있죠.

1420년 3월에 이르러 교회와 신성 로마 제국의 황제 지기스문트1368-1437는 '보헤미아에 있는 위클리프파, 후스파 및 이외 모든 이단자들의 말살'을 위한 십자군 결성을 촉구합니다.

하지만 체코인들의 반격은 모두를 놀라게 했습니다. 사실, 이들에게는 두 가지 강점이 있었습니다. 첫째로, 그들은 스스로가 자신들의 왕에 의해 싸움에 끌려온 것이 아닌, 거짓된 기독교인들에 대항하는 거룩한 전쟁을 하고 있다고 생각했다는 점입니다. 둘째로, 그들은 바겐부르크바겐=마차, 부르크=성라는 병기를 이용하는 전술을 생각해낸 얀 지슈카1360-1424의 지도력 덕분에 믿을 수 없을 정도로 훌륭한 군사 전술을 구사했다는 점입니다. 후스파는 평소에 마차를 자신들 주변에 두었다가, 전시에 이를 사용해 방어진을 짜 안전을 확보한 채로 적들과 싸웠습니다. 후스파는 그들의 적이 지치고 사기가 떨어질 때까지 마차에 몸을 던지고 화살을 쏘는 행위를 하도록 내버려 두었습니다. 그런 다음 이들을 공격하기 위해 돌진했죠. 그리고 이 전쟁은 신성한 전쟁이었기 때문에 후스파는 포로를 허용하지 않았습니다.

최종적으로 후스파는 이 전쟁 말고도 1421년, 1423년, 1426년, 1431년에 이르는 총 4번의 추가적으로 결성된 십자군 원정에서까지 살아남았습니다.

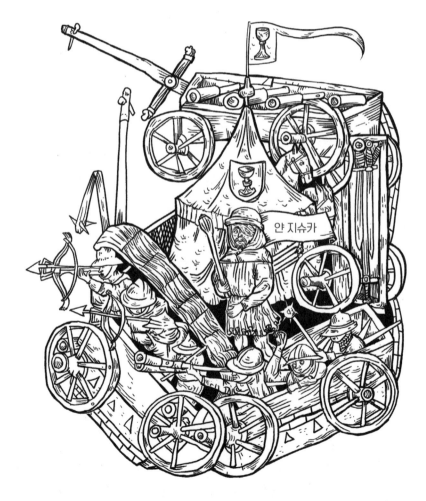

1436년 7월 5일, 신성 로마 제국은 보헤미아를 포기했습니다. 그 결과 보헤미아는 17세기까지 후스파의 근거지로 남아 있게 됩니다. 후스파가 취한 승리는 전대미문의 일이었지만, 교회를 무찌르는 것이 가능하다는 것을 증명한 일이기도 했습니다. 이 사건은 다음 세기에 마르틴 루터의 솔선수범 하에 개신교도들이 자신들의 가슴 깊이 새길 사건이기도 합니다. 분명히 중세 사람들은 교회가 원하는 것을 순순히 받아들이지는 않았습니다. 이들은 권위에 의문을 제기하였으며, 자신들의 믿음을 위해 투쟁했습니다.

중유럽사에 대하여 연구하는 역사가들에게 이 일은 중세시대의 끝을 의미합니다. 유럽을 향한 교회의 통제가 중세시대의 특징이라고 본다면, 후스파는 그것을 깨뜨렸기 때문이죠.

· 오스만의 부상과 콘스탄티노플의 몰락 ·

가톨릭교회만이 외부로부터 공격을 받고 있는 유일한 기독교 세계는 아니었습니다. 오스만 제국의 술탄이자 '정복자'란 호칭으로도 알려진 메메트 2세1432-1481가 군세와 영토를 늘리는 동안, 비잔티움 제국은 마지막 유예 기간을 보내고 있었습니다. 초대 오스만 1세1324년 사망의 이름에서 유래된 이들 오스만 투르크인들은 비잔티움 제국과 아나톨리아 반도에 생겨난 여러 분파의 투르크 공국이 무너져 가던 이 호기를 놓치지 않았습니다. 메메트 2세 또한 영토를 확장하고자 하였으며, 보스포루스 해협에 여러 성채를 지어 무역을 통제했는데 이 중 하나가 루멜리 히사르라는 이름으로도 알려진 보아즈 케센으로, 해협의 칼날 또는 목구멍 속 칼을 뜻합니다.

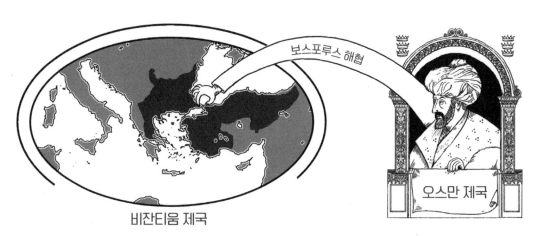

보스포루스 해협

비잔티움 제국

오스만 제국

흑해에 항구가 있는 제노바인들은 이러한 오스만 제국의 움직임을 우려했으며, 황제 콘스탄티누스 11세 팔라이올로고스1405-1453는 식은땀을 흘리기 시작했습니다. 그는 보헤미아의 후스파를 둘러싼 난처한 상황에서 벗어나고 싶어 했던 교황 니콜라우스 5세1397-1455에게 도움을 요청하는 편지를 썼습니다. 또한, 이를 통해 오스만 제국이 억제될 수 있다면 동방 정교회와 서방 가톨릭교회를 재결합할 용의도 있다고 밝혔습니다.

음, 대장?

술탄

비잔티움

안타깝게도 콘스탄티누스 11세는 니콜라우스 5세의 군사를 모으는 능력이 자신에게 미치지 못한다는 점을 깨닫지 못했습니다. 백 년 전쟁과 실패한 후스파 십자군 원정에 의해 서방세력의 힘은 고갈되었고, 동방은 일찍이 오스만 군대에게 손실을 입었기 때문에 콘스탄티노플 공방전이 시작되었을 때 비잔티움 제국의 수비군은 도합 7,000명에 불과합니다. 주된 원군은 무역적 이해관계가 있으며 기독교 도시인 콘스탄티노플이 유지되길 원하는 이탈리아의 도시 국가들로부터 왔습니다. 반대로 오스만 제국은 군대가 수만에 이르렀으며, 차지하고 있던 영토들은 콘스탄티노플을 포위했고, 수백 척의 함대와 대포가 있었습니다.

콘스탄티노플

포위전이 진행되자, 술탄 메메트는 황제에게 조건이 담긴 서신을 보냅니다. 그는 황제가 모든 것을 갖고 떠나는 것과 펠로폰네소스 총독의 지위를 갖는 것을 허용한다고 했습니다.

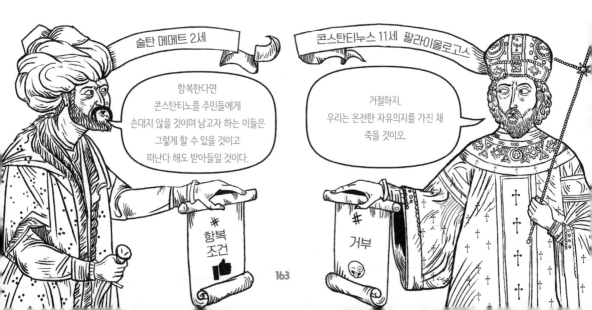

일주일도 채 지나지 않아 성벽이 무너졌으며, 오스만 제국의 깃발이 성벽 중 한 곳에 펄럭이는 것이 보였습니다. 많은 병사들이 적과 맞서는 것 대신 성벽에서 뛰어내렸습니다. 황제의 경우 그 최후에 대해 여러 설이 있는데, 하나는 황제의 상징물들을 떼어낸 다음 거리에서 마지막 필사적인 돌격을 주도하여 부하들 사이에 눈에 띄지 않게 죽었다는 설과 다른 하나는 스스로 목을 매어 자결했다는 설입니다.

3일 뒤, 메메트 2세는 시민들에게 자유민의 신분이 유지될 것이며, 재산은 복구될 것이고, 계급과 종교에 따라 마치 아무것도 변하지 않은 것 같은 대우를 받을 것이란 포고령을 내렸습니다. 메메트 2세는 1,000년 동안 유지되었던 도시를 폐허 위에서 다스리기 위해 빼앗은 것이 아닙니다. 그는 번성하던 콘스탄티노플의 예전 모습 그대로를 원했습니다.

하지만 몇몇 변화는 있었습니다. 성묘 교회로 알려진 아야 소피아가 이슬람 모스크로 개조된 것이죠. 도시의 정교회 주민들은 자신들의 신앙을 유지할 수 있었고 결정적으로 세금을 내는 것이오스만 제국은 타 종교인들에게 많은 세금을 내게끔 하였습니다. 요구되었으며 콘스탄티노플 총대주교는 그 자리를 유지했습니다. 콘스탄티노플 사람들 중 많은 이들이 그대로 도시에 남았으나 또한 많은 이들이 서방으로 향하기도 했습니다.

영업 중

아야 소피아

· 레콘키스타(국토 회복 전쟁), 그라나다의 함락, 스페인 통일 ·

로마의 마지막 화신이였던 비잔티움 제국의 몰락은 콘스탄티노플에 한 번도 발을 들인 적이 없던 사람들에게 조차 문화적·심리적으로 영향을 미쳤습니다. 기독교 국가들은 자신들이 로마 제국에서 탄생했고 로마 제국으로 정의된다고 생각했습니다. 하지만 콘스탄티노플이 함락되면서, 이 신화의 마지막 자취까지 끊어지게 된 것이죠.

역사가들에게도 콘스탄티노플의 함락은 엄청난 사건입니다. 비잔티움 제국 또는 정통 기독교 유럽사에 대해 연구하는 이들에게 이 사건은 중세시대가 끝나는 지점으로 종종 받아들여지곤 합니다. 중세시대가 서로마 제국의 몰락과 함께 시작되었다고 본다면, 동로마 제국의 몰락은 중세시대를 마무리하는 깔끔한 결말이라고 볼 수 있겠습니다.

165

동유럽과 중유럽에 있는 기독교 국가들의 국경이 축소되고 있던 반면, 다른 곳에서는 가톨릭교도들이 이슬람 세력을 밀어내고 있었습니다. 이베리아 반도의 가톨릭 군주인 카스티야의 이사벨 1세1451-1504와 아라곤의 페르난도 2세1452-1516는 이후 그들의 통치 아래 스페인이 될 영토의 상당 부분을 통일했습니다. 이슬람 세력의 마지막 버팀목은 남쪽 그라나다의 이슬람 토후국이었는데, 한때 강성했던 코르도바 칼리프국의 마지막 남은 영토였습니다. 그리고 이사벨 1세와 페르난도 2세는 이곳을 호시탐탐 노리고 있었습니다.

이윽고 때가 무르익었습니다. 그라나다의 산업은 쇠퇴하고 있었으며, 술탄인 아부 알 하산 알리1485년 사망는 자신을 아미르 무함마드 12세라고 선언한 아들 아부 압둘라 무함마드또는 보바딜이라 불리기도 함, 1460-1533의 도전을 받게 됩니다. 이때, 페르난도 2세와 이사벨 1세는 보바딜을 자신들의 대리인으로 이용했습니다. 그는 이슬람교를 믿는 그라나다인들에게 가톨릭 군주 아래의 공작으로서 자신의 치세 동안 평화를 가져다 줄 것을 약속했습니다. 또한, 비록 종속될지언정 옛날처럼 국내가 안정될 것이라고 말했습니다.

한편 이베리아 반도 내 가톨릭 세력은 계속해서 영토를 늘려갔습니다. 1487년, 이들은 그라나다의 주요 항구 도시인 말라가를 점령한 다음 무슬림 시민들을 노예로 팔았으며, 본인들이 반역자로 여긴 기독교인들을 모두 죽이고 카스티야에 있는 유대인들에게 말라가 유대인의 몸값을 받아냈습니다. 지원군을 통과시킬 항구가 사라지면서, 그라나다의 종말 또한 시작되었습니다.

1491년 11월 25일, 그라나다는 8개월 간 포위된 끝에 그라나다 조약을 체결하였고, 도시 전체가 가톨릭 세력에 넘어가게 됩니다. 모든 그라나다인은 안전, 집에 대한 권리, 종교적 관용을 보장받았죠. 모스크는 손상되지 않았으며, 그 어떤 기독교인도 이슬람교도의 집에 들어가거나 어떤 방법으로든 그들을 학대해서는 안 되었습니다. 물론 수십 년 안에 그러한 약속은 모두 취소될 것이었지만, 그 당시로서는 이러한 명목상의 안전이 확보된 상태에서 인구의 상당수가 이슬람교도로 남아 있었습니다. 이후 알-안달루스였던 이곳에 다시는 아미르나 술탄은 없었습니다. 이로서 레콘키스타가 완성되었습니다.

많은 역사가들, 특히 이베리아 반도의 역사를 연구하는 역사가들에게 있어서 레콘키스타의 완성은 중세시대의 끝을 의미합니다. 그들은 이베리아 반도에서의 중세시대는 두 가지 단계가 있다고 보는데요. 먼저 첫 번째 단계는 중세시대 초기에 있었던 300년에 이르는 서고트족의 통치기이고, 두 번째 단계는 그 후 이어지게 되는 700년 하고도 조금 더 길었던 이슬람 세력의 통치기입니다. 따라서 그라나다의 함락이라는 결정적인 사건과 함께, 스페인의 역사를 전공한 역사가들이 생각하기에는 중세시대 또한 끝이 났다고 봅니다.

새 시대에 페르난도 2세와 이사벨 1세는 종교 재판을 실시해 체제에 반하는 인사를 '청소'하고, 바다 건너 새로운 땅에서 원주민들을 정복하거나 고문하며 노예화하는 일들에 관심을 돌리게 됩니다. 이렇게 그들은 우리가 오늘날 현대 스페인으로 연상되는 나라의 왕위에 등극하게 됩니다. 이 스페인의 통일이야말로 오늘날의 스페인이 존재할 수 있게 해주는 것이었습니다.

· 아프리카로의 확장과 노예무역의 시작 ·

포르투갈은 한동안 해외에서의 강제적인 노동력 조달을 목표로 삼았습니다. 앞선 말라가 사람들에 대한 페르난도 2세의 처리에서 보이듯, 이베리아 반도에는 전통적인 노예제도가 존재해왔습니다. 노예는 다른 종교 집단에서 오는 경우가 잦았죠. 기독교인은 유대인과 이슬람교도를 노예이들을 통틀어서 무어인이라고 불렀습니다로 데려갔습니다. 그리고 이슬람교도들은 이에 대응하여 전쟁터에서 잡힌 기독교인들을 노예로 만들었죠. 많은 노예들이 북부 아프리카에서 벌어진 소규모 교전의 과정에서 이베리아 반도로 들어왔으며, 이들은 우리가 일반적으로 베르베르인이나 아랍인이라고 이해하고 있는 민족이었습니다.

교역로의 확대와 지속적인 군사 충돌로 인해 중세 유럽인들은 사하라 사막과 그곳에 사는 토박이들에 대해 많은 것을 알고 있었습니다. 그들은 아프리카의 도시 통북투의 경이로움과 사막을 가로지르는 풍요로운 무역로에 대해서도 알고 있었죠.

유럽인들이 알고 싶은 것은 이 인상적인 '무어' 왕국이 어디까지 이어졌는지, 그리고 어떻게 해야 이들을 착취할 수 있는지였습니다.

항해왕자 엔리케1394-1460라는 이름으로 더 잘 알려진 포르투갈의 엔리케 왕자는 무어 왕국의 영토가 어디까지 이어지는지 알아보기 위해 서아프리카 해안을 따라 항해하기로 결심합니다. 그리고 그들이 길을 따라가면서 잡았던 노예들은 부수입이 됩니다. 이는 '무어인'들의 종교가 그들과 다르기 때문에, 노예로 잡는 것이 공정한 것이라 여겨졌으므로 발생한 일이었습니다.

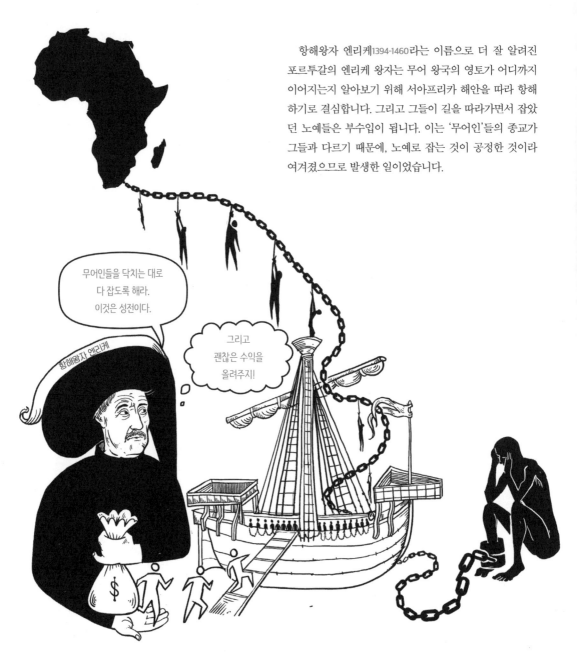

엔리케 왕자의 초기 탐험에 뒤이은 1430년대, 1440년대에 포르투갈인들은 서부 해안을 따라 여러 번 무어인들을 습격해 노예로 삼았습니다. 마침내 이들은 아프리카 대륙의 귀족 및 노예상인들과 노예무역에 대한 파트너십을 맺을 수 있다는 것을 깨닫게 됩니다. 곧 엔리케 왕자는 포르투갈 남부 해안에 위치한 라고스 항구에서 노예를 팔기 시작했죠. 여전히 무어인이라고 불리던 이 아프리카 출신의 노예들은 이슬람교와 관련된 특징을 전혀 나타내지 않고 있었기 때문에, 일부 가톨릭 신자들이 보기에는 이 같은 행위가 섬뜩해 보이기까지 했습니다. 또한 성전은 더 이상 중요하지 않게 되었죠.

실례합니다, 교황이시여. 이슬람교도가 아니라도 이 아프리카인들을 노예로 삼아도 괜찮겠습니까?

교황은 노예들이 가톨릭교로 개종했음에도 이러한 관행을 묵인했습니다. 교황의 '도덕적 추론'은 비록 이 노예들이 자유를 잃을지라도 불멸의 영혼을 얻는다는 것이었습니다. 든든한 지원을 받은 포르투갈인들은 아프리카에서 세례를 베푼 다음, 매매를 위한 동료 그리스도인들을 태운 배를 타고 고향으로 돌아왔습니다.

포르투갈에서는 이 새로운 아프리카 노예들에 대한 수요가 많았습니다. 이들은 무어인 노예보다 더 비쌌지만, 이미 기독교화되었죠! 게다가 인구가 적은 포르투갈에서는 유급 노동자수가 부족했습니다. 따라서 노예를 비인간적으로 다룰 수 있게만 된다면, 노예는 훌륭한 투자였습니다.

한편, 엔리케 왕자는 사하라 사막 이남의 노예에 대해 왕실 차원에서의 독점을 누렸으며, 가난한 왕실은 이를 통해 많은 돈을 벌고 있었습니다. 노예들은 이렇게 등장했습니다.

그래요!

중세 내내 유럽에서는 사람들에게 자유가 없는 것이 일반적이었지만, 노예와의 관계는 새로운 것이었습니다. 농노는 자유롭지 않았고 노동 조건을 협상하거나 허가 없이 자신이 있는 곳을 떠날 수 없었지만, 본인의 집과 가족으로부터 떨어지게 만들 수는 없었거든요.

비록 유럽인들이 이슬람교도들에 대한 앙갚음으로 이들을 습격하여 노예로 삼았지만, 일반적으로 기독교인들이 기독교인을 노예로 데리고 있는 것은 사람들의 눈살을 찌푸리게 만드는 일이었습니다. 하지만 사하라 사막 이남의 아프리카인들은 어떻게든 기독교인이 되었더라도 결코 해방될 수 없었습니다. 이 새로운 노예제도의 개념과 여태까지 유럽인들에게 알려지지 않은 지역으로의 확장을 가리켜 역사가들은 종종 중세시대의 끝이라고 말합니다. 혹자는 노예 재산 제도, 해양 간의 항해, 그리고 널리 퍼진 유럽의 식민주의로 대표되는 새로운 시대를 가리켜 신항로 개척시대라고 부릅니다 대항해시대라는 이름으로 잘 알려져 있죠.

· 유럽 전체의 예술운동과 르네상스 신화 ·

바로 지금, 르네상스가 우리 역사에 언제 들어왔
는지 궁금할 것입니다. 우리는 보통 고전미술과 철학
의 재발견이 중세시대를 마감하게 한 것이라고 배웁니다.

우리가 '리나시타'라는 용어를 처음 접하게 되는 것은 예술가이자
판매자인 조르조 바사리1511-1574의 작품《가장 저명한 화가, 조각가 및
건축가의 삶》에서입니다. 그는 16세기 이탈리아 예술가들의 작품이 세
계에서 가장 훌륭하고 가장 세련된 이유를 설명하는 사람입니다. 그리
고 여기서 왜 이들의 작품이 최고이며, 지금껏 있던 작품들 중 가장 세
련된 것인지를 설명하려면 16세기의 이탈리아 예술가들이 누구누구인
지를 알아야 합니다.

또한 바사리는 고딕이라는 용어를 예술과 건축에서 중세를 의미하
는 단어로 사용하는 것을 생각해낸 사람이기도 합니다, 그만의 예술적
가치가 있다는 의미가 아닌 모욕적 의미로요. 야만적! 그리고 그중 가
장 최악인 것은 독일!이 양식이 유럽 전역에 퍼져 있었다는 건 무시하세요 게다가 바
사리는 당대의 예술 작품이 아니거나 이탈리아의 예술 작품이 아니면
그 어떤 작품도 인정하지 않았습니다.

걱정하지 말게나, 미켈란젤로.
내가 쓰는 이 책이 부유한
가문들에게 우리 이탈리아
예술 작품을 구매하도록
설득할 것일세!

잠깐 뭐라고요? 이크!

딱
띵
퍽
화드득

초보자를 위한
리나시타

조르조 바사리

미켈란젤로 디 로도비코
부오나로티 시모니

'르네상스'에서 문제가 되는 것은 유럽 전역에서 이미 이탈리아 예술 작품들만큼이나 훌륭한 작품들이 만들어지고 있었으며 때로는 이 작품들이 이탈리아의 것보다 더 빨리 만들어진 경우가 있음에도 불구하고 이탈리아 예술에 초점이 맞춰진다는 점입니다.

저지대에서는 얀 반 에이크 1390-1441가 미켈란젤로가 태어나기 수십 년 전부터 우리가 르네상스의 특징으로 보고 있는 선명도와 원근감의 개념을 적용한 그림을 그렸습니다.

미켈란젤로와 동시대 사람인 히에로니무스 보스1450-1516는 〈세속적인 쾌락의 동산〉과 같은 정교한 작품을 제작했죠.

독일의 알브레히트 뒤러1471-1528의 그림은 너무나 실물과 똑같아서, 한 번은 그가 자신이 작업한 초상화의 너무나도 진짜 같은 머리카락을 그릴 때 일반적인 붓을 사용했다는 것을 믿지 못한 다른 예술가와 싸움을 벌인 적도 있었습니다.

이탈리아 화가들이 고전을 접했기 때문에 중세 양식을 끝냈다면, 고전을 접하지 못했던 북쪽의 화가들에 대해선 어떻게 그 주장으로 설명할 수 것일까요?

우리는 고전 철학의 재탄생 또는 개인의 발견이 르네상스의 특징이라는 말을 자주 듣습니다.

콘스탄티노플이 함락된 후 많은 그리스인들이 이탈리아 세력권으로 이주하면서 서적도 갖고 왔는데, 이 중에는 여태껏 유럽에서는 접한 적 없던 아리스토텔레스와 플라톤의 작품도 포함되어 있었습니다. 그러나 아리스토텔레스와 플라톤의 철학은 이미 중세 내내 퍼져나갔습니다. 이들의 철학은 대학 교육의 근간이었으며, 교회 신학자의 대다수도 이들의 철학에 대해서 잘 알고 있었죠. 이미 모든 사람들이 열광하는 작가의 신작이 출간되었다고 해서 과연 이를 가리켜 '부활'이라고 부를 수 있을까요?

'개인의 발견'에 대해 말하자면, 중세시대에는 이미 자서전이 산재해 있었습니다. 여러분은 아벨라르가 거세되었을 때 그의 제자들이 거리에서 울었다는 그의 주장을 잊지 맙시다. 그가 자기 자신을 제대로 알고 있지 않았다고 말할 수 있었겠습니까?

신성 로마 제국 황제 카를 4세1316-1378도 자서전을 썼죠. 그리고 영국의 여성 종교 신비주의자 마저리 켐프1373-1438와 성녀가 되고 싶어 하던 다른 여성들도 본인들이 겪은 신비로운 종교적 경험에 대해 이야기하는 여행 회고록을 적었고요.

175

우리는 르네상스를 두고 독특한 시대라고 이야기하는데요. 이는 역사 기록학, 더 정확히는 장 밥티스트 루이 조지 세로 다쟁쿠르1730-1814와 볼테르1694-1778라는 두 사람 때문입니다.

바사리에게서 영감을 받은 세로는 처음으로 르네상스라는 용어를 움직임이란 뜻으로 썼으며, 고전 예술의 형태를 빌려오는 새로운 예술과 건축에 적용했습니다. 그리고 볼테르는 이를 받아들였을 뿐만 아니라 한술 더 떴습니다. 그는 중세시대를 가리켜 '신념의 시대'라고 불렀으며, 이는 그가 살던 이성의 시대와는 극명히 대조된 것이었습니다. 자신의 지성에 확신을 가진 그에게 있어서 그가 좋아하는 것은 무엇이 되었든 '합리적'인 것이었으며, '르네상스'의 일부분이었습니다. 또한 그는 뭐든 자신이 싫어하는 것은 비합리적이며 중세시대에 속한다고 보았습니다.

이러한 접근 방식은 여전히 르네상스와 중세시대와의 관계를 왜곡시킵니다. 암흑시대로부터의 '부활'이라는 생각은 이 시대의 역사를 이해하는 데 있어서 방해가 됩니다. 그것은 단지 똑 부러지는 대답이 없는데도 불구하고, 각 시대를 확연히 구별하고자 하는 또 다른 시도에 지나지 않는 것입니다.

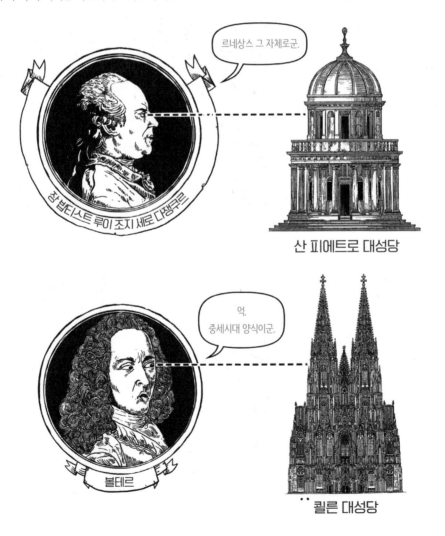

산 피에트로 대성당

쾰른 대성당

결론

'중세'와 '현대'라는 용어는 세상을 분류하는 우리만의 방식입니다. 이 용어들은 유용할 수는 있지만, 주관적이고 복잡한 사회적·정치적 발전을 지나치게 단순화한다는 점을 염두에 두어야 합니다. 그 의미에서 중세시대는 우리가 교회의 성장, 수도원 생활, 도시의 부상, 대학 시스템의 탄생, 철학적 발전, 그리고 세속의 군주와 세속 밖의 교황의 경쟁 등과 같은 광범위한 주제를 이끌어낼 수 있는 풍부한 천 년 간의 역사입니다. 동시에 사람들이 현대적 사고를 할 수 있는 조건을 만들어내는 데 도움이 된 탐구와 변화의 시대였습니다.

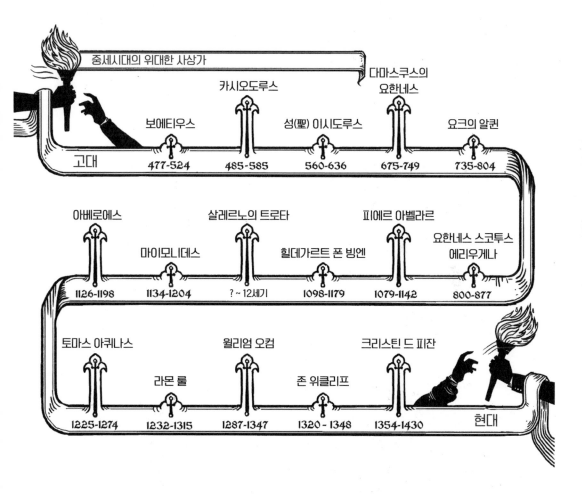

중세시대의 종교성 때문에 빈번하게 무시되는, 당시의 종교와 사상이 정반대의 길을 걸었다는 우리의 가정에는 의문을 제기하는 것이 중요합니다. 사실 교회는 중세시대의 학문적 사상에 있어 가장 큰 후원자였습니다. 덕분에 우리는 철학, 법, 자연과학, 그리고 의학 분야에서 위대한 사상을 유산으로 받을 수 있었습니다.

많은 사람이 종교 재판이나 마녀 재판같이 중세에 일어난 여러 야만적인 사건을 가리키면서 '암흑시대'라는 꼬리표를 끄집어냅니다. 사실 그 일들 모두 중세시대에는 일어나지도 않았는데 말이죠. 그렇지만 우리가 지금까지 살펴본 것처럼, 중세시대에는 수많은 전쟁이 부유한 이들의 사소한 이익을 위해 발발했고, 유대인과 이슬람교도에 대한 극심한 탄압, 여성들에 대한 2류 시민 대우, 그 외에도 여러 가지 부정적인 특징들이 있었던 것도 사실입니다.

하지만 중세시대를 이루고 있었던 주요 구조는 오늘날에도 여전히 존재합니다.

그리고 근대 유럽의 식민주의 때문에 중세 유럽의 사고방식이 전 세계로 퍼져 나가게 되죠. 그것이 항상 최선이었던 것은 아니었음에도 말이죠.

우리가 '어둠'을 중세만의 특징으로만 여긴다면 그것이야말로 우리 사회와 시대가 책임져야 할 끔찍한 일들의 해결을 막는 일입니다.

좋든 싫든 중세시대는 여전히 우리 역사의, 그리고 세상의 일부입니다. 이를 무시한다는 것은 우리 자신을 무시하는 것과 다름없습니다. 마주보고 나아가야 합니다. 우리는 그때보다 더 잘할 수 있으니까요.

지적 대화를 위한 교양인의 중세 이야기

초판 1쇄 인쇄 2022년 9월 10일
초판 1쇄 발행 2022년 9월 15일

지은이 엘레아노르 자네가
그린이 네일 맥스 엠마누엘
옮긴이 김완수

펴낸이 박세현
펴낸곳 팬덤북스

기획 편집 김상희 곽병완
디자인 이새봄
마케팅 전창열

주소 (우)14557 경기도 부천시 조마루로 385번길 92 부천테크노밸리유1센터 1110호

전화 070-8821-4312 | **팩스** 02-6008-4318
이메일 fandombooks@naver.com
블로그 http://blog.naver.com/fandombooks

출판등록 2009년 7월 9일(제386-251002009000081호)

ISBN 979-11-6169-217-3 03920